你真的会爱孩子吗

给家长看的教育心理学建议书

李媛媛　云　舒◎著

中国财富出版社

图书在版编目（CIP）数据

你真的会爱孩子吗：给家长看的教育心理学建议书／李媛媛，云舒著.
—北京：中国财富出版社，2017.6
ISBN 978 - 7 - 5047 - 6531 - 4

Ⅰ.①你… Ⅱ.①李… ②云… Ⅲ.①家庭教育—教育心理学 Ⅳ.①G780

中国版本图书馆 CIP 数据核字（2017）第 144562 号

策划编辑 李彩琴	**责任编辑** 齐惠民　史义伟			
责任印制 方朋远	**责任校对** 胡世勋		**责任发行** 王新业	

出版发行	中国财富出版社	
社　　址	北京市丰台区南四环西路 188 号 5 区20 楼	**邮政编码**　100070
电　　话	010 - 52227588 转 2048/2028（发行部）	010 - 52227588 转 307（总编室）
	010 - 68589540（读者服务部）	010 - 52227588 转 305（质检部）
网　　址	http://www.cfpress.com.cn	
经　　销	新华书店	
印　　刷	北京京都六环印刷厂	
书　　号	ISBN 978 - 7 - 5047 - 6531 - 4/G · 0679	
开　　本	890mm×1270mm　1/16	**版　　次**　2017 年 9 月第 1 版
印　　张	13.25	**印　　次**　2017 年 9 月第 1 次印刷
字　　数	142 千字	**定　　价**　36.00 元

序一

你真的会爱孩子吗

　　每天早晨7：20，我会准时跟着孩子出门。走在熙熙攘攘的路上，跻身浩浩荡荡的送孩子上学大军。从我家到学校，步行十分钟即可，可是学校所在的小区里所有道路都会被各种车辆围得水泄不通，汽车、电动车、自行车、自制小三轮车等，要么是白发苍苍的爷爷奶奶跟着，要么是拎着包送完孩子自己也要去上班的爸爸妈妈跟着，冬天多冷，夏天多热，风雨无阻。而孩子们肩上背着沉甸甸的书包，小小的身躯紧贴着家长，在车流人海里辗转腾挪，走到学校门口挥挥手，转身进了学校，身后的家长大多会眺望一小会儿才匆忙离去。

　　每天身临其境，但我依然每天都会为之感动。为生活、为事业、为理想而奔波的家长不容易，孩子们也很不容易，是爱联结着彼此，互相支持鼓励，成为对方的力量源泉，也是爱支撑着大人和孩子，各自去面对一天又一天，哪怕有艰难、有委屈、有依依不舍、有心事重重。爱也是生命的终极意义吧，失去爱的人生还剩下什么呢？不付出爱的心灵是贫瘠荒凉的，得不到爱的心灵更是枯萎灰暗的。爱如此重要，我们又该如何珍视呢？我想，那些早晨六点多就从床上爬起来做早餐送孩子上学的家长一定是满怀着爱的，叮叮嘱咐孩子增减衣物、多喝水、午餐吃饱、过马路小心看车、别打架，这些每天都要叮嘱的话里饱含着最真挚的温柔和关切。

是的，和我一样，谁能不爱自己的孩子呢？

可是，为什么不断有骇人听闻的新闻被爆出来，有的孩子离家出走、抑郁轻生；有的孩子参与校园暴力，甚至违法犯罪；有的孩子遭遇侵害，身心受创……孩子是家庭的孩子，是父母的珍宝，是每个家长的挚爱，承载着他们的希望与梦想。孩子的问题来自哪里？出生的时候都是雪白粉嫩的小宝宝，怎么会在爱的包围下变得问题越来越多呢？孩子来自家庭，父母是孩子的生命来源，也是第一成长环境的核心人物，孩子的问题不是天生就有，更多的是来自家庭环境。

我们研究一个人的心理健康状况，常常从四个角度入手，一是遗传因素，二是童年生活，三是所受教育与社会环境，四是经历的重大事件与个人感受。

遗传因素毫无疑问来自父母和祖辈，当父母指责孩子的时候，请别忘记孩子身上所有的遗传因素来自哪里，他只是被动地接受遗传因素，而父母才是他的遗传基因提供者。"笨蛋""就知道吃""傻了吧唧""丢人现眼""不要脸"……家长一时口舌之快，将孩子的尊严置于何地？孩子不需要尊严吗？父母可以回顾一下自己小时候是不是也这样被对待过。

　　童年生活主要是指童年的家庭生活以及与父母的关系，很多人成年以后的心理问题、行为问题都可以追溯到童年时期的原生家庭。每个人身上都有原生家庭留下的烙印，孩子将来长大之后变成什么样，与童年所处的原生家庭有很大关系，这就对父母的教养方式提出了要求，怎样做才能真正有利于孩子身心健康与人格成长？怎样做可能造成不良后果？肯花时间学习的家长，愿意自我成长的家长才是真的爱孩子，仅仅是花了钱或秉持偏激教育理念的家长则属于"不会爱"。满足孩子所有的物质要求是爱吗？给孩子报一堆昂贵的辅导班是爱吗？家务活儿从来不让孩子参与是爱吗？孩子和同学发生矛盾，立马帮孩子出头是爱吗？在学校闯了祸，回家就打骂是爱吗？

　　所受教育和社会环境因素包括校园生活、学习内容、大众传媒、文化氛围等。这里也有一部分是和父母相关的，您的家庭文化是怎样的？您给孩子树立了怎样的价值观？您给孩子做了什么榜样？您带孩子参与了哪些社会活动？您陪孩子看了什么样的电影什么样的书？

　　经历的重大事件与个人感受包括突发变故、失败挫折、环境改变、亲属关系变化等。当家庭发生变故，孩子遭遇困境，家长的态度、立场、处理方式对未成年人来说很重要。曾经有一篇新闻报道称，某女孩从超市拿了些零食，超市老板通知家长来处理，家长责骂了孩子几句，孩子后来自杀身亡了。这样的悲剧令人心痛不已，我在想，如果当时家长能先道歉并付款，然后把孩子领回家耐心沟通的话，也许就不会是这样的结果了。错误就是错误，这没什么好辩解的。家长能做的就是帮孩子承担这个错误带来的后果，然后回去帮孩子改正错误，避免再犯。

对未成年人来说，父母的影响力是第一位的，父母的爱是必不可少的。父母爱子女是人之天性，然而爱从来不是一厢情愿地自以为是，教育更不是简单的我说你听。孩子身上反映出来的"问题"往往与父母"爱"的方式不当有直接关系。要想解决孩子的问题，得先解决家长自身的问题。一个特别争强好胜的孩子，往往来自一个缺乏安全感的家庭；一个优柔寡断、缺乏勇气的男孩，往往有一个专横强势的母亲；一个骄横跋扈、自私自利的女孩，很可能有个极尽溺爱的父亲。孩子是家庭的影子，也是家庭问题的第一受害者。

真正的爱是春风细雨，是尊重天性，要遵循发展心理学的规律并结合实际；真正的爱是温柔接纳，是深情包容，要倾听孩子心灵的歌咏并报之以赞赏的笑容。

给孩子真正需要的养分，而不是盲目给予，就好比开水可以冲茶，但是不能浇花。愿意学习的父母才是真心爱孩子；愿意学习的父母才是孩子的好榜样。望子成龙不如尊重天性，因势利导，才能事半功倍。

请相信，只要您愿意，此刻就是最好的时机，比昨天晚一点，但比明天还早一点。付出努力越早，收获就越早，问题越容易得到解决。

李媛媛

2016 年春

序二

让我们一起学习做父母

做父母，难不难？不难。有正常生育能力的男女，生养个孩子，自然就成了父母。

做父母，难不难？难！父母不仅仅是给予孩子生命那么简单，还要将其抚养成人。人类的亲子依附期相较其他动物而言是最漫长的，孩子在独立生活之前，至少有十多年的时间是在父母身边，一边获取生活所需的生活必需品，一边要得到生活能力的培养。这个生活能力比羚羊学吃草要复杂得多。学校教育给予学科知识的积累，而家庭教育给予人格品质的养成。我们都希望孩子能健康快乐地成长，希望孩子成绩出色、性格积极，将来有个好前程，这是人之常情。可是，大部分家长并没有专门学习过教育学和心理学，对如何养育孩子几乎完全是"自学成才"的，"自学"是真的，"成才"却未必。我们的自学来自哪里？看别人怎么教养孩子？回忆父母是怎么教养我们？出于本能地给予物质满足？将普遍道德标准灌输给孩子？三岁之前吃饱喝足好好玩，三岁之后全靠幼儿园、小学、中学和大学？这就是很多家长的摸索之路，结果怎样呢？我们的孩子长大之后有没有独立的思想呢？是否感受到生活之美好、生命之珍贵呢？能不能以积极的心态和行为方式面对各种各样的选择与挫折呢？有没有足够的能力和能量去跨越理想与现实之间的艰难险阻呢？还是我们只凭一句"树大自然直"就可以自我安慰了？那么我们是不是可以反问一下自己是合格的父母吗？是真的爱孩子吗？真的爱孩子，该怎么做？我们是不是也需要学习点什么，然后可以给孩子多一点积极的帮助与支持呢？

所以让我们一起学习如何做父母吧。我们是孩子的监护人，是孩子生命的缔造者，孩子完全信赖我们，我们有责任将其养大，帮助其融入这个社会。我们有责任将孩子抚养成不但身体健康心灵也健康的人，不但有学科知识积累也有生存能力的人，我们要培养孩子的品德，滋养一颗善良而感恩的心，我们要让逐渐长大的孩子理解纪律与责任，有勇气有信心去追求理想，我们也有责任教育孩子诚实正直，不做亏心的事。

身为父母的我们，自己做得怎么样呢？我们忙于工作、生活，养育孩子，奉养老人，我们自己也在理想与现实之间艰辛求索，时而茫然着，我们的压力也不小。可是，我们还是会早晨起来准时出门去，因为我们很清楚，这是我们自己选择的生活，我们有爱有责任。家庭是我们的力量源泉，也是我们奋斗的目的之一。我们迈出门去，是为了带着果子回来。外面的世界在变化，我们的能力和知识也需要跟进，否则带回的就真的只有果子了，还未必够用呢。

所以，如果我们真的爱自己的孩子，就要有一点谦卑之心、敬畏之心，那是一个多么可爱多么美好的小生命，难道我们不该珍惜这份上天赐予的礼物，努力去成为更好的自己吗？当我们成为更好的自己、更出色的家长，我们才可以心安理得地说："孩子，我们是你的爸爸妈妈，欢迎你来到这个世界，不要怕，不要担心，我们会照顾你、陪伴你，会带你去冒险和旅行，因为我们做好准备了，我们爱你，并且，真的知道如何去爱你！"

做家长，学什么？学会爱，学会有效沟通，学会亲切鼓励与积极肯定，学会引导与教养。

身为两个孩子的父亲，我曾经像很多爸爸一样，以为自己只要飞来飞去做超人，赚到足够的钱交给太太就可以了。我奔波于各种知名的大公司做培训，讲企业管理、职场策划、国学、个人成长，我冥思苦想的都是与培训课程有关的事。可是，当我在奔波路上暂时停歇的时候，当我在宾馆里换上睡衣准备入睡的时候，我很清楚那一刻我最想的就是对我最重要的、我最爱的、最珍贵的家庭——我的儿女、我的妻子。每次出差之后回到家，孩子们远远地朝我飞奔而来，扑进我的怀抱，眼睛里满是喜悦，叽叽喳喳叫个不停，他们是为了要礼物吗？不是。他们是有多崇拜我这个知名讲师吗？不是！他们要的是爸爸，因为他们爱爸爸。难道我除了给他们提供生活保障就行了吗？我错了，我要给的应该是他们自己真正需要的，而不是我自以为他们需要的。

妻子除了要照顾一双儿女，还要兼顾双方的老人，自己还当瑜伽教练，她对家庭付出的比我多得多，但她性格温柔，宽容大气，尽可能承担一切家庭责任支持我的工作。她对我只有一个小小的建议，在时间容许的情况下，多陪陪孩子。她说，爸爸所提供给孩子的东西和妈妈是不同的，就像一棵植物需要不同的营养成分。

我与多年好友李媛媛老师谈及这一问题，她热情地邀约我："不如一起写一本关于家庭教育的书，让家长们了解一些教育心理的基本原理，也提供一些针对热点问题的建议。"她还说："在写作的过程中梳理下自己的教育理念，对今后教养孩子会很有帮助，我们和孩子一样，都在学习的路上。"

我怕自己写得不够专业，贻笑大方，她说："这就和我们教养孩子的过程一样啊，问题会有，我们随时纠正，只要我们确信自己在做正确的事，千沟万壑挡不住真心求索的脚步啊！"

OK！就让我们这些深爱孩子的家长，一起踏上这趟学习之旅吧！

云 舒
2016 年春

C目录
ONTENTS

1

第一部分　不会爱，学习爱

一

向羞辱式批评说“不”

很多家长和老师都认为“奖罚分明”很必要，用奖励来激励鞭策孩子的进取心、自信心，用惩罚来戒除孩子的“问题”和“不良行为”，即所谓的“国有国法，家有家规”。我能理解这样的出发点，也认同有时候需要一点点“小惩大戒”，可是，我又要说可是，可是我非常希望慎用惩戒，多用奖励，因为在国法和家规的面前，我们都会承认，对孩子来说，爱是大前提，从真挚的爱出发，对成长中的孩子，需要多点耐心和肯定，少一点比较和责备。怒火攻心之时高举起巴掌，想到彼此的爱，请轻轻落下，拍拍孩子的肩膀，说：“我相信你下次会做得更好，我知道你也希望自己做得更好，我们一起努力想办法好吗？”

有一天女儿从学校回来，不像平时那样叽叽喳喳说个不停，我凭直觉知道一定有事情发生，她没有主动说给我听，小小的心

里弥散着怎样的疑惑不安呢？写完作业，她走到我身边，大脑袋靠在我肩膀上，轻声说："妈妈，数学老师可凶了。"我拉过孩子的手，轻轻握着，问："是吗？为什么这么说呢？"她说："小胖没带书，还不好好听课，数学老师气哼哼地走过去拉他，把他从椅子上拉起来，拉到教室门口，书包也丢过去，让他去办公室，还打电话叫家长领走。"我静静地听着，等待着孩子说出自己对这件事的感受。她说："桌子椅子撞一起，声音特别大，大家都很害怕，不敢出声。"

我问："后来呢？后来请家长来接了吗？"孩子说："家长没来，他在办公室站了一会儿就回来上下一节课了。""哦，是这样啊，所以你觉得数学老师很厉害是吗？担心自己犯错也会被拉出去？"她想了想，很认真地说："老师没拉过我，我就是觉得当着大家的面被拉出去的同学好可怜啊！"是的，孩子的同理心在告诉她，那个犯了错被惩罚的孩子多么没面子，处境多孤立。我拥过孩子的小肩膀，对她说："妈妈知道你当时有点被吓到了，不知所措对不对？你们心里都很希望看到老师的笑脸，妈妈也做过学生，很理解你们的心情哦。"女儿的表情从刚才的有点凝重稍稍放松了些，我接着说："那位同学不带课本上学，又不认真听课，的确是有错在先，老师批评他，是希望他改掉这个毛病，并不是为了伤害他，是不是？"女儿点点头。"可是，老师的反应也太激烈了，这样做会让那位同学很难堪，也耽误了其他同学的学习时间。我们理解老师的立场和心情，但不能认同他的这种教育方式，换成我们自己，就不要这样对别人，好不好?"

女儿说："我不会那样的，可是我们要不要告诉老师他错了?"我反问回去："你觉得呢? 你觉得老师知道不知道自己这样做不合适呢?"她说："老师是大人，那他应该知道吧。"我说："是啊，既然他自己知道，相信他也会反思的，我们就不用特意去告诉他了，可是，从这件事里我们应该得到一点启示，作为学生，要不要带书去学校? 要不要认真听课?"她说："那当然，我每天晚上都看课程表准备第二天的课本呀。""哇，那你真厉害，从小就这么井井有条地整理书包，长大了也会是个很有效率的人哦。从这件事上还有一点启示，如果别人犯了错，我们可以生气，可以交涉，但是也要顾及人家的尊严，是不是? 你尊重别人，也等于尊重你自己，乱发脾气多难看? 而且，犯了错的人在面子受损的时候更不愿意认错，那不就等于沟通无效吗?"孩子听得似懂非懂，但我想慢慢地她会明白，或者今日的谈话只是一点点积累，价值观的形成可谓聚沙成塔，绝非一日之功。

当孩子犯错的时候，家长们又是怎么说的、怎么做的呢? 很常见的情况举例如下。

语言

"你怎么这么笨""就知道吃""吃喝玩乐有你，正经事就没你""你看看人家小明""你给小明提鞋都不够格""烂泥扶不上墙""你能及格我就阿弥陀佛了""你能不能让我省点心""你有病啊""看你那德性""滚一边去""别让我看见你""看见你就来气"，等等。

行为

戳脑门、打耳光、用脚踹、罚站、关"小黑屋"、当众指责、没收玩具，等等。

家长的初衷或许是好的，希望孩子"懂事""有出息"，可是因为所采取的语言和行为方式不当，得到的反馈也将事与愿违。在尊严受到打击的情况下，孩子面红耳赤，内心焦虑羞惭，哪还顾得上认真思考听到的话呢？他们只想立即逃离当下的困境，找个地方藏起来，待心情平复下来，收拾沮丧的心情，修补受伤的尊严。孩子小，更要顾及尊严，否则真有一天长大了，他完全不在乎尊严不尊严，家长是不是悔之晚矣？

回过头来说数学课上被拉出去的孩子，也许数学老师会另外找机会和家长说明，也许孩子回家不会告诉父母，也可能告诉了父母，会得到更严厉的斥责——"你活该""真给我丢人丢到家了""看你长不长记性"。

想想看，孩子觉得父母丝毫不理解自己的难过、羞愧，他以后再遇到事情，再有心事，会不会愿意回来说呢？

新闻曝光 2015 年山东临沂某小学的一年级孩子，集体接到老师的指令，要求每个学生打自己的嘴巴 100 下，而且必须高高抬起，重重落下。家长说，下令的这位老师，当时心情不好。有学生说，他把自己脸都打红了，耳朵也打红了。学生家长说："孩子说，必须自己打自己脸 100 下，还得带响声，如果不带响声的话，老师还不愿意。"

看到这样的新闻，相信每个人都会又心痛又愤怒吧！不管学生犯了什么错，这样的处罚不但过分，而且已经涉嫌违法。我想，如果自家孩子遇到这样的情况，我会不会第一时间站出来问个究竟，保护孩子不受身体和尊严的双重侵害？而那个下命令的老师，会不会反思自己的不当行为，如果他自己的孩子也被人同样对待，又会有何感想？

无独有偶，2016 年 2 月新闻曝光厦门市某村 3 岁男孩和 6 岁姐姐因调皮遭父母体罚，脱光站在露台淋雨，持续半个小时。附近居民听到两个孩子的哭泣声，担心孩子出事，于是报警。民警接警后，立即赶往现场，将孩子抱回屋取暖，并对其父母进行批评教育。

新闻评论里众口一词怪父母虐待儿童，其实这样的"教训"每天都在上演，牵绳游街的、当众掌掴的，甚至吊起来抽打、捆起来不让吃饭酿成悲剧的。每当看到这样的新闻，只觉得这些孩子太可怜，家长的"爱"太畸形、太粗暴。可是出事之前，是不是很多人对此习以为常？信奉"棍棒出孝子"？信奉"严师出高徒"？这里的"严"，只是严格，不是欺侮、贬损，却被人曲解而用来维护自己不当的管教行为。

行为主义认为，行为是后天习得，一个习得行为如果得以持续，一定是被它的结果所强化，如果想建立或保持某种行为，必须对其施加奖励。阳性强化法是行为矫正中最基本的方法，又称正强化法或积极强化法。简单来说，就是在一种行为之后，继之以强化奖赏，则会增加这种行为的发生。

阳性强化法是心理学的一个重要概念，是对人的行为形成与矫治的一种重要方法。当某一行为在某种情况出现后，即时得到一种强化物，如果这种正强化物能够满足行为者的需要，则以后在同样或类似情景下，这一特定行为的出现概率会升高。通俗地说，阳性强化法即对正确的行为进行及时奖励，对坏的行为予以漠视和淡化，促进正确的行为更多地出现。

举例说明，比如孩子注意力不集中，那么当发现孩子能对感兴趣的事物集中精力五分钟、十分钟的时候，提出表扬，给予奖励，这就是"阳性强化"，可以用物质奖励，也可以同时辅以精神赞赏，学校里经常用的小红花、小红旗就类似精神赞赏，家长奖励一块巧克力、一个铅笔盒则属于物质奖励。不同的孩子，不同的情况，可尝试采取不同的奖励方式。孩子得到肯定、得到鼓舞，则会有意地再次重复之前受到赞赏的行为，以求得到更多奖励，然后逐渐形成好的行为习惯，戒除之前存在的"问题"。

值得注意的是，过程中可能出现的反复，比如注意力集中五分钟又走神了，对"走神"不要惩罚，我们只把注意力集中到值得肯定的正强化方式上就好了。为什么有的家长委屈地表示"孩子不听话""说多少遍都没用"？恰恰是因为说得太多了，一次又一次地提醒孩子"你做得不好"，然后孩子的注意力就转移到"做得不好"上去了。忽略、淡化偶尔出现的反复，减少对"闲不住"的关注，孩子更容易慢慢地积累起自信和自觉，形成"集中注意力"的新的行为习惯。

不会爱，学习爱，从现在开始，向羞辱式批评说"不"！

尝试采用阳性强化的方式帮孩子建立良性行为机制，积跬步以致千里，同时也有助于建立更好的亲子关系。

二

不做 "两面派"

　　成人的世界比孩子的世界复杂，这或许是某种必然。

　　成人在逐渐成熟的过程中，越来越多地知道"有所为，有所不为"，每个人都有自己的价值观和行为方式。很多时候，适时地闭嘴、"闭眼"，是为了少是非、多自在。可是我们有没有言不由衷的时候？有没有做两面派的时候？

　　前几天听人说了个很老的笑话，儿媳妇给老公公吃玉米面窝头，自己和孩子偷偷吃饺子，结果孩子把饺子端出来给爷爷吃，爷爷自然生儿媳妇的气。

　　我听了倒不觉得好笑，只觉得孩子天真善良，着实可爱。然后我在想，如果爷爷走了，儿媳妇把孩子揍一顿，此后照旧天天如此，长年累月之后，孩子还会端出母亲藏着的东西给爷爷吃吗？他会不会渐渐地学会母亲的这套行为方式？他又会不会在长大之后也这样对待自己老去的父母呢？这样做的家长有没有想过，此种教育之下，孩子多吃了几口好吃的，损失的却更多？当一个人不懂得付出爱，付出善意，他能因为仅仅多吃了几口而幸福快乐吗？自以为聪明的母亲，夺去了孩子最珍贵的品质，培养出一个小小"两面派"。

不能真诚地对待他人，又如何能真诚地接纳自己的心灵？

女儿向我悄悄地说了一个学校里发生的小秘密：很多女生都在课间休息的时候追着某老师捶背揉肩。嗯，听上去还挺可爱的吧，七八岁的孩子，用自己的方式表达对老师的喜欢，或者是为了得到老师的喜欢。这不是什么大事，用不着上纲上线，只当是小玩笑也无所谓，毕竟是在课间休息的时候，孩子们和老师挤挤攘攘在一起还觉得画面挺温馨的。可是，当这位老师不在眼前的时候，有个女生（就是捶背揉肩非常热情的一位同学）望着老师的背影骂道："狗娘养的！"哇，大跌眼镜吧？其实那位老师很温和，也没有做不好的事情伤害学生，为什么七八岁的小女生会说出这么难听的脏话呢？她也未见得是多么讨厌这位老师，也许是为自己之前捶背揉肩的辛苦抱不平吧？可那又是自己主动干的，老师并没有要求啊？女儿向我说起这个秘密的时候，脸上挂着神秘的笑，她大约也感到同学这样很不好，但又有点告密给我的小兴奋。

我对女儿说："你给老师捶背揉肩了吗？"她摇摇头。"那位同学骂人的时候你听到了吗？"她说："听到了呀，好几个同学都听到了，大家都偷偷地笑。""哦，这是一个笑话吗？哪里好笑呢？"女儿想了半天，说："也不好笑，就是觉得她为什么一会儿好一会儿坏的，当着老师很亲，背着老师又骂。""是啊，你看，这不是笑话，骂人也不好笑，况且是那么难听的话。下次遇到这样的事，你不要笑，也不要当笑话再说给别的同学，行不行？"女儿点点头，有点难为情地看着我，她说："我没说给别的同学，只说给你了。""嗯，我知道了。无论如何，这样的脏话很难听，骂谁都不行，何况是老师？如果对老师有意见，可以说，可以写纸条，可以请家长去说，都可以，但不能乱骂人。当着老师有礼貌，背着老师骂脏话，这等于骗取别人的爱和信任，是很虚伪、很恶劣的行为。"女儿看我态度很严肃，终于意识到这件事真的不好玩，她搂住我的脖子，开始撒娇说："我饿了，妈妈。"

女儿的人格品质形成处于关键时期，让身为家长的我不得不多留心她身处怎样的环境，受到怎样的影响。人格品质是影响吸引力的最稳定因素，也是人际吸引力最重要的因素之一。

美国学者安德森（N. Anderson，1968）研究了影响人际关系的人格品质，研究结果表明，最受欢迎的品质：第一位，真诚；第二位，诚实；第三位，理解；第四位，忠诚；第五位，真实；第六位，可信。可以发现，这些品质的内在精神要义都非常贴近，无一不是站在"虚伪""欺骗"的反面。

孩子为什么会变成"两面派"？他出生的时候本来是不开心就哭、开心就笑的，我们爱孩子很大程度上是因为他们如此率真，如此不设防备地信赖着你。我们深感被信赖的幸福与幸运，更愿意主动地去付出。

孩子的变化来自环境，首要的就是家庭，父母是怎样的做派，孩子就会变成怎样的做派。

我们有没有领着孩子遇到某人，然后热情地打招呼，让孩子叫"叔叔好""阿姨好"，然后掉头就说"这个人太虚伪""在我们单位没人爱搭理他""这人很不着调""真是冤家路窄，躲都躲不过"？孩子看在眼里，听在耳中，他会思考"为什么"——"为什么不喜欢他还很热情地打招呼""刚刚不是还说好久不见非常牵挂吗""这个叔叔究竟是怎样的人""和不喜欢的人需要这样交往吗"，等等。

如果有，请调整。你可以不喜欢，也可以沉默以对，但不要这样在孩子面前把面具摘了又戴上，戴上又摘下，无形中成为孩子的坏榜样。

女儿的培训班里有一位女孩小A，非常能言善辩，性格外向，很乐意当"孩子王"。但她有个问题，就是一定要当决策者，谁不听她的话，她就组织大家孤立谁，甚至动手打人。可是，当大人问她的时候，她会仰着小脸扑闪着大眼睛矢口否认。渐渐地，越来越多的孩子不愿意和她玩，她只好请求妈妈给她换到别的培训班，不知道在新的环境里，她能否交到新朋友。

而小A的妈妈总是无限疼爱地说："我家孩子小，不懂事，在家里连她爸爸都管不了她。再大点就好了。"所以，问题就出在这里，在妈妈眼里，孩子欺负别人只是因为"小""不懂事"，不算大毛病，也不必管，等着"树大自然直"。问题是，等她大了，你就更管不了了，因为没有形成良性的沟通机制，在孩子需要培养好的人格品质的时候，家长采取了放任的态度。孩子在家长面前表现了"天真可爱"的一面，然后跑到同龄伙伴里去称王称霸，习惯做"两面派"，可是家长选择了视而不见。

我们真的了解自己的孩子吗？可否拨开爱的迷雾再看清楚一点。毕竟，防患于未然好过悔恨终生。

三

莫让孩子在家庭矛盾中左右为难

人们常说在一个家庭里，男主人会在妻子和母亲之间左右为难，受"夹板气"，两边不讨好；而婆媳矛盾也确实是很多人的现实苦恼。即便没有与隔代长辈之间的纠纷，夫妻之间也很难做到事事完全意见一致，口角之争似乎在所难免。

孩子在家庭中长大，即使上了学，家庭环境也是最重要的生活环境，与家长之间的关系是最重要的人际关系，在家庭中受到家庭文化的熏染，他们会看父母的行为方式，观察模仿并努力分析其中的意义。

父母当着孩子吵架，甚至发生肢体冲突，给孩子的心理冲击是非常强烈的，他们无法评判家长之间的是非，更无法割舍对其中任何一方的爱。可怕的是，很多家长还会不自觉地将孩子拉入自己的阵线，争取以"二打一"的方式取得"胜利"，被孤立的一方陷入被动、愤怒、无奈，要么忍耐妥协，要么产生决裂。而无论是忍耐妥协还是产生决裂，显然都不是解决家庭矛盾的首选路径，也并没有针对矛盾问题的本身起到实际的解决作用，孩子更是成为首当其冲的受害者，他们在尖锐的家庭冲突里变得焦虑、胆怯、自卑、缺乏安全感，或者变得暴躁、不适应社会环境，无法与同学、老师和谐相处。十年之后，二十年之后，当孩子长大成人，并不会因为年龄增长而自动愈合心理创伤，童年生活中的阴影依然会继续影响其建立正常的人际关系，包括伴侣关系和亲子关系。

家长之间的矛盾很难完全避免，为了全家人的幸福生活和孩子的未来，我们需要建立一个健康的矛盾处理模式，并由家长双方带头遵照执行。这样，不仅有利于解决矛盾，也有利于提升家庭幸福质量，更为孩子树立了正向处理矛盾的榜样，使之学会将来如何面对与他人的矛盾。

首先，对矛盾问题的范围进行控制，也就是说，尽量不扩大矛盾，不牵扯不相干的人参与。为什么很多鸡毛蒜皮的小事最后竟然造成无法收拾的局面呢？很多情况下，是参与者太多了。无论参与者们的动机是好是坏，当事人在旁观者、参与者众多的情况下会不自觉地想平衡各方意见，也会因为自我价值保护而变得更加敏感，这无益于解决问题。比如，在夫妻对一个问题有不同意见的时候，假如双方原生家庭的成员们也跟着加入各自阵营，形成对垒之势，无异于火上浇油。因为各自原生家庭成员会更多地站在"自家人"的立场上考虑得失利弊，而非站在核心家庭本身的立场上。对同一问题，一方阵营里的成员之间意见也有差别，这样，两人之间的矛盾就演化成了多边矛盾。比如，买不买学区房的问题，爸爸认为没必要，经济压力太大，孩子也会紧张劳累；妈妈认为有必要，经济压力也就是几年的事，上完学可以卖掉，孩子的紧张劳累都是为了上更好的学校有更好的前途。两人之间的讨论可以就事论事，可扩大到两个家庭之后，就会冒出各种各样的声音。"她又不上班，站着说话不腰疼，就累你一个""他买得起也不买，对自己的亲生孩子都这么漠不关心，将来还能对你好吗""她这么哭着喊着买学区房，其实就是为了把自己的名字写上去""哪个爸爸不替孩子着想？哪家的男人不听媳妇的话？莫不是有二心了"。所以，为了减少不必要的派生矛盾，就需要对矛盾问题的范围进行控制，尽量不让更多的人参与，尤其是双方长辈。

其次，在爱与尊重的前提下，展开理性讨论，各自不带倾向性地说出对问题的看法以及如何解决的积极建议。比如同样是买学区房的问题，双方意见不一致的时候，可以尽量在孩子不在跟前的时候商议，当着孩子的面商议的话要注意语气和情绪控制，不要演变成语言冲突，或以偏概全地给予绝对化歪曲。"你不买就是不爱这个家""不买就活不下去了吗""你什么时候替我考虑过""孩子是不是你亲生的"，情绪冲动之下，这些话都还不算是最恶劣的，可是无一例外地都在犯"以偏概全"和"绝对化歪曲"的毛病。显然，听到这些话的对方也会本能地被激起反抗意识，更难听的话已在酝酿当中了。

所以，最好不当着孩子的面以激烈的口吻争论矛盾问题，私下无人的时候也要注意将讨论停留在问题本身，不要扩大和转移。"我认为买学区房利大于弊，暂时承受两三年的压力，换来一个好的教育环境，我们也会省心些，觉得压力大可以过几年卖掉""我计算过了，目前的经济条件确实不允许，每月还掉贷款之后所剩无几，而且万一我的工作有变动，很可能断供，那时不就被动了吗""我们可以把现在的房子抵押掉，周转几年，我也可以出去上班分担压力呀""你出去上班谁接送孩子？就是请老人帮忙，老人也辅导不了孩子功课呀"。无论双方能否达成共识，至少都往积极解决问题的方向靠拢，而不要完全不听对方的想法，一票否决。

再次，当无法达成共识的时候，暂且搁置矛盾问题，尤其是非原则问题、非紧迫问题、非利害问题，过一段时间再重新讨论。吃酸还是吃甜，上不上辅导班，假期去哪里游玩，类似这样的非原则问题、非紧迫问题、非利害问题，可以暂时搁置，也许过段时间客观因素发生变化，矛盾问题就不攻自破了。比如周末是爬山还是游泳，争论半天，结果周末下大雨了，哪儿也去不成，还有什么好争执的呢？买不买学区房，也许过几个月重新划分学区了，或者不以房产位置划分学校了，一切都在变化中，心态平和很重要。

另外，如果孩子问起父母之间的矛盾，不要完全对孩子屏蔽信息，而要中立地简单解释，并认真重申父母的爱依然是完整而真挚的。有些家长愿意把孩子完全屏蔽在家庭问题之外，以为这样是保护孩子。其实，对孩子完全封闭信息是很不明智的。孩子会观察会思考，在家长这里得不到解释，也会自己去猜测去分析，与其让孩子在疑虑中忐忑煎熬，不如适当地开放一点信息，让孩子知道自己是被尊重的，如果孩子愿意表达自己的看法，家长双方都要表示会认真考虑并感谢孩子的建议。

开放信息的时候可以说："在买不买学区房的问题上，爸爸妈妈的想法不太一样。我们会好好商量一下再决定的，总之我们的出发点都是希望家庭幸福，只是想采取的方式有差别。没关系的，人和人想法不一致是很正常的，再仔细考虑考虑就行了，请你不必担心，好吗？"感谢孩子参与意见的时候可以说："你说得很有道理，我们都很为你骄傲，谢谢你这么贴心，你说的我们会再找时间认真商量商量，商量好了就告诉你，好吗？下次还要帮我们出主意，你的主意真的很棒！"发现没有，矛盾不但没有破坏家庭成员之间的感情，反而让家庭更有凝聚力，更温暖，这不正是家庭存在的意义吗？

最后，万一矛盾上升到无法调和也无法解决的地步，家长双方依然要在孩子面前维护另一半的尊严，依然要尽量保证孩子得到双方的爱和照顾。比如，伴侣关系面临破裂，这是最艰难的时刻。不要说："你爸爸不要我们了，他找了个狐狸精，抛弃咱们了。"不要说："是你妈坚持要分的，这样的妈有她没她又怎么样？以后咱爷俩过，不跟她来往，谁让她这么狠心的。"电影《左耳》里，少年张漾之所以利用女友黎吧啦去伤害少年许弋，只是因为他相信了父亲所说的谎话，说自己的亲生母亲抛夫弃子去嫁给许弋的父亲。他内心充满憎恨，所以决定报复。结果许弋前途被毁，黎吧啦命丧车轮下之后，他才知道真相并不像父亲所说的那样。一个谎言摧毁了几个年轻人的生活，归根结底来自一个"恨"字。

相反，在《家有儿女》情景喜剧里，刘星的母亲则表现得豁达可爱，还能请前夫来家里一起过年，刘星尽管淘气顽皮，可是依然是善良乐观的性格，这和其母亲的健康心态大有关系。所以，即便是伴侣关系破裂，可以对孩子说："真的很抱歉，我们努力过了，但是无法达成一致。现在，我们决定要分开生活。我们都依然深爱你，会一直陪伴你、照顾你、保护你。"或者也可以说："爸爸和妈妈一样，都爱你，周末或假期的时候，咱们还会在一起，你的毕业典礼，我们都会去参加。你比赛的时候，我们都会去为你加油。"

心理学研究表明，有质量的亲子关系对孩子更有积极意义。勉强维持的伴侣关系反而对孩子有更坏的影响，孩子会觉得自己背负重担，父母之所以"忍耐受苦"都是为了自己，孩子成了父母不幸婚姻的"人质"和"替罪羊"。

爱孩子，就不要让孩子在家庭矛盾中左右为难。家长的事情家长自己料理好，每个人都要为自己的生活质量和个人幸福负责。让孩子看到积极乐观的家长，无论是否单身都爱自己、享受生活、追求理想、有情趣、有乐趣、对自己负责、不消极、不沮丧、不抱怨。孩子将会以你为榜样，成为更好的自己。

四

重要的事情说两遍

不要反复唠叨，也别指望说一遍就成功。

有一个词叫"苦口婆心"，意思不言而喻，就是一方对一方出于"好心好意"而唠唠叨叨，不断地说啊说啊，想说服对方听自己的劝告。想想我自己的人生经历，也遇到过这样的"好人"，还不止一个。

但我父母在我成长过程中从未对我苦口婆心，他们忙着工作、生活、吵架，还要照顾我弟弟，哪里还顾得上管我？我这没人督促的孩子就自由自在地长大，反而因为没人逼迫而自觉行动，爱看书爱爬山，对学习谈不上喜欢，但也不讨厌，成绩还算不错，自己也不觉得累，反正我给自己的要求就是做好一点，不让老师找我毛病，成绩好点，在学校就舒服点，剩下大把的时间就是玩，还有看课外书。唯一一次父母对我进行苦口婆心的劝告，是我离开教师工作岗位的时候，他们得到消息的时候我已经离职好几个月，然后来对我进行车轮战。已经二十多岁的我，自在了那么多年，不可能被他们说服，最后他们只得作罢，"自由小兵"开始在更自由的海中遨游。

所以我对我的孩子，很不愿意苦口婆心。首先是"苦口"，干吗要"苦口"？能说甜言蜜语大家高兴，何必说难听话自己苦别人也难受？其次是"婆心"，也不想让人称我为"婆"，"唠唠叨叨"这个词与我无关。

可是总有"熊孩子"拖拖拉拉装聋作哑视我如透明的时候，自认为很有涵养的我耐着性子想着发展心理学原理和教育心理学案例，然后气得火冒三丈。终于，我爆发了，大吼了，女儿哭了，我后悔了，心疼了，自己面壁去。然后，道歉，承诺不再犯，请求原谅，得到原谅，默默心塞好久。

也有一些时候，不好意思发火，但是憋得好难受。约好了时间出门，秒针滴答滴答，而那个"熊孩子"还在慢悠悠地穿衣裳、刷牙、洗脸、梳头发，对着卫生间的镜子唱跑调的歌，我不得不提醒一下："宝贝，说好了九点出门，还有三分钟哦。"只听一声轻快的回答："知道了，妈咪！"然而她还是继续慢悠悠地晃荡。九点到了，她自然还没收拾好，我只好再次压着心底的"火山岩浆"，温柔地二次提醒："娃娃，九点整了，我们现在就得出门了哦。"她开始手忙脚乱地做收尾工作，轻快地回应我："再等一下！""一下"就是好几分钟的意思，终于收拾好，终于拉开门要下楼了，她一只脚迈出门，迟疑一下，仰起脸说："妈咪，我要大便！"我还能说什么？我只想哭，点点头，看她马驹子一样地蹿回去，跳进卫生间，关上了门。又过了十分钟，哗啦啦的水声响起，她表情轻松地出来了，若无其事地洗手，哼着小调，看我不开心的表情，说："I'm sorry！"——自带回声。

后来，我为了不让自己被气死，想了个办法，在出门之前二十分钟就提醒第一次，出门之前十分钟再提醒第二次，然后准时出门，约好的时间要遵守。孩子从定好规则到真正地遵守规则，之间还要经历几次反复，于是我来个以其人之道还治其人之身。

她和小朋友约好周末去爬山，九点出门，不到八点半自己就收拾好了。到了九点，我说要化个妆，稍等一下。九点十分，我说要上个厕所，再等一下。九点二十，我说忘了灌满水瓶，还要等一下（我当然已经悄悄地改约为九点半）。九点半出门，孩子气得眼泪都要掉来下了，大声训斥我不遵守时间，我郑重保证只此一次，同时也问问她守时是不是很重要，她气哼哼地喊："当！然！重！要！"

和熊孩子斗法，逼得我白头发多长了好几根。

经常在接孩子的时候和别的家长聊天，也就经常听到他们描述怎样对自己的孩子唠叨不停，收效甚微。

心理学研究表明，在面对家长的批评时，青少年大脑中与负面情绪相关的区域变得非常活跃，很容易产生不耐烦或愤怒等负面情绪。与此同时，大脑中负责社会认知的有关部分反而受到抑制。这也就意味着，当听到父母批评的时候，心情糟糕透了，哪里还听得进去批评的内容，更不可能转化成积极的改善行动。不愉快的情绪像乌云一样翻江倒海，听到的批评指责越多，"乌云"越密布，也就越不可能发生积极的改变。所以，重要的事情，就事论事说一到两遍就足够，言简意赅，说完就完，千万不要唠叨个没完。

重要的事情说两遍，怎么说呢？

首先，开门见山，表明立场。"我并不反对你玩游戏，我反对的是你为了玩游戏而荒废学业""我希望你在做完功课之后再玩游戏，时间控制在半小时之内就好"。家长的态度鲜明，立场清晰，孩子听到第一遍的时候已经完全明白了意思，并在思考是接受还是拒绝。

其次，不要在提出建议的时候顺便打板子。"我建议你完成功课之后再玩游戏，虽然玩游戏纯属浪费时间，虚度光阴"，后半句属于打板子，很容易激发逆反心理，本来打算接受"先完成功课"，也会变成"我就浪费时间了怎么样"。

再次，变"绝对"为"相对"。"我绝对不允许你和他来往"——"我建议你减少和他的来往，毕竟你现在是学生，有学业在身，而他和你的情况大不相同。"（注意不要贬损他的朋友，点到为止即可）

最后，当你发现你第一次的提醒被忽略或还没有得到执行的时候，你可以再说第二次。同样需要注意说的方式，放弃"牢骚式""诉苦式""念经式"而改为"情理式"。

牢骚式：你怎么这么不听话？你是故意气我对不对？

诉苦式：我说多少都没用，真是让我操碎了心。

念经式：你说你从小到大哪件事情不是靠我？不听我的话你能有今天？昨天我让你穿暖和点，怎么样，大风降温了吧？我上次说让你别搭理×××，你怎么就是听不进去？我是你亲妈，还能害你吗？狐朋狗友一大群有什么用？真有事谁为你出头？还不是我？

情理式：上次和你说过玩游戏的问题，希望你再认真考虑一下我的建议，控制一下时间，如果有什么不同意见，随时可以和我交流，我很愿意听。

有人或许会问，说了两次还无效怎么办？

请倒回去看上面我的"血泪史"案例。

抱着总会解决的积极心态，换个方式再来。不要让孩子看穿你的怒火，你怒了，说明你没招了，你没招了，孩子就更得意、更来劲。深呼吸，默默地从一数到一百，慢点数。数完了，先微笑，转过身，看着那个"小魔头"，温柔地说："嗨，给你讲个故事好不好？"

五

大锅饭缺的小灶补

义务教育缺少家长的跟进，因为孩子是老师的 1/N，是家长的 100%。

最近联系上初中时候的班主任王老师，因为有初中时候的同学建了个微信群，这下二十年不通消息的少年伙伴们又能经常在一起聊天了，很是开心。我在群里话不多，但我很喜欢看大家发言，仿佛回到十一二岁的时候。说起那时候，我们都好怕班主任老师，他高大英俊，但是不苟言笑，给人十分严厉的感觉。我虽然是班干部，学习成绩也不错，都难免被批评训斥，更不用说那些淘气顽皮的男生了。班主任如今年过半百了，依然在学校任教，按照三年一届，一届教两个班计算，他教过的学生至少十届，也就是起码一千人了。哇，这就是传说中的桃李满天下吧？王老师的女儿今年已经本科毕业，去美国念研究生了。

　　记得当年我的初中同学里有一位特别爱画画和唱歌的男生，毕业的时候用铅笔画了一只大狗送给我，他经常在班里给大家唱崔健的歌，气势磅礴，非常投入。男生难免淘气，功课不上心，成绩也不太好，王老师还狠狠地批评过他学习不努力。可是，王老师可能并不知道他有绘画和唱歌的天赋，家长尽管知道也没有主动支持孩子往绘画或歌唱方面发展。现在二十多年过去了，我还依然为这位同学感到惋惜，如果那时候家长能好好支持鼓励他的话，也许现在他已经在绘画或歌唱领域取得斐然成就了。

　　我们做家长的，都希望孩子遇到认真负责的好老师。我自己也是做过老师的，想想看，教全年级六个班，三百多个孩子，连名字都难记得全，确实无法完全兼顾到每个孩子的个性化需求，只能是首先完成教学任务，然后大范围地给予教育引导，再及时帮助个别问题突出的学生。可是对家长来说，只有一两个孩子，孩子就是父母眼中的百分之百，孩子最真实的特点、需求、问题，父母应该是最有条件去了解和处理的。每个家长肯定也都愿意尽量给孩子提供全方位的支持、鼓励。孩子的情绪变化很容易反映在日常生活里，是兴高采烈还是闷闷不乐，家长有责任和孩子进行及时的沟通，分享快乐，分担烦恼，或者把发现的问题及时反馈给老师，双方共同协商解决。

　　大锅饭缺的小灶补，大锅饭就是义务教育、学校教育，小灶就是家庭教育与生活环境。

　　学校教育是大锅饭，在学习知识和人格养成的问题上提供的是大范围的标准化的教育，但是每个孩子都是特别的，都有自己鲜明的特点，优势和不足，这就需要家庭教育及时跟进。

如果我是我那位同学的家长，可能我会非常肯定他的兴趣特长，带他拜访名师学习绘画和唱歌，帮他联系作者写适合他唱的歌曲，录小样，送去音乐公司。支持他高中毕业之后以艺术生的身份考相关的艺术院校，或者陪他去参加绘画、歌唱比赛，争取更多的学习机会。

公立小学每周一节音乐课，当然无法满足热爱音乐的孩子的个性化需求，于是有心的家长会陪孩子听音乐会，送孩子去学一门乐器，促进孩子的个性发展。学校里的体育课只是基本的运动项目练习，爱篮球爱足球爱武术的孩子得不到专业指导，家长可以陪孩子参加跨校的体育比赛，参加业余俱乐部，聘请教练进行专业指导，这就是充分发现并培养孩子的天赋。

我的女儿很喜欢跳舞，学校里没有舞蹈课，所以我给她报名学习民族舞，一跳就是四五年。练习基本功很辛苦，为了姿势优美到位，被老师严格要求，孩子头上有汗水，眼里有泪花。可是我问她要不要继续的时候，她毫不犹豫地说："当然！"所以，我也会陪她参加各种演出、比赛，给她买各式各样漂亮的舞蹈服，给她讲舞蹈家邓肯的故事，陪她看歌舞剧和舞蹈大赛。我不知道她能否在舞蹈领域取得成绩，可是我喜欢看她跳舞时候快乐自信的模样，喜欢看她自己在家里翻跟头练动作，自己给自己录像，自己给自己纠偏的认真态度。

学校教育不足的部分，家庭教育和生活环境要给予补充。让孩子找到属于自己的世界，散发自己的魅力光芒。

心理学多元智力理论认为支撑多元智力的是个体身上相对独立存在着的、与特定的认知领域或知识范畴相联系的八种智能，包括语言智能、音乐智能、逻辑数理智能、视觉空间智能、身体运动智能、自我认识智能、人际智能和自然观察智能。

言语—语言智力，是指对语言的听、说、读、写的能力，表现为自由流畅而高效地利用语言来个人描述事件、表达思想并与人沟通。一般作家、记者、教师、演说家、政治领袖等通常在这方面能力出色。

音乐—节奏智力，是指感受、辨别、记忆、改变和表达音乐的能力，表现为对音乐节奏、音准、音色和旋律在内的感知度、鉴赏力或者作曲、演奏和歌唱等音乐能力。歌手、作曲家、演奏者、指挥家等在这方面能力突出。

逻辑—数理智力，是指运算和推理的能力，表现为对事物间各种关系如类比、对比、因果和逻辑等关系的敏感程度以及通过数理运算和逻辑推理等进行思维辨析的能力。举例来说，科学家、物理学家、侦探、律师、数学家等，比一般人在这方面能力更加卓越。

视觉—空间智力，是指感受、辨别、记忆、改变物体的空间关系并借此表达思想和情感的能力，表现为对线条、形状、结构、色彩和空间关系的敏感程度以及通过平面图形和立体造型将它们表现出来的能力。摄影师、画家、雕刻家、建筑师等就是这类智力能力更突出的人群。

身体—动觉智力，是指运用四肢和躯干的能力，表现为能够较好地控制自己的身体、对事件能够做出恰当的身体反应以及善于利用身体语言表达自己的思想和情感的能力。舞蹈家、运动员、赛车手等职业人群身上往往有这方面的突出能力。

自知—自省智力，是指认识洞察和反省自身的能力，表现为能够理性地意识和评价自身的情感、动机、欲望、个性、意志并在理性的自我意识和自我评价的基础上形成自尊、自律和自制的能力。哲学家、思想家在这方面的能力格外突出，一般人也不是完全不具备，只是在能力程度上有所差异。

交往—交流智力，是指与人相处和交往的能力，表现为觉察、体验他人情绪、情感和意图并据此做出适宜反应的能力。外交官、公关人员、主持人、谈判专家等在这方面的能力往往比较突出。

自然观察智力，是指认识世界、适应世界的能力，是一种在自然世界里辨别差异的能力，如植物区系和动物区系、地质特征和气候。野外探险专家、自然生物学家等，自然观察智力比一般人要高。

每个人都在不同程度上拥有上述几种基本智力，智力之间的不同组合表现出个体间的智力差异。换言之，每个人都有自己的多元智能组合结构，都可以尝试了解自己的哪些方面先天能力更加突出，哪些方面需要增强后天学习和锻炼。

当代社会是一个需要各类人才的时代，很多新职业新行业层出不穷，给更多的普通人提供了大展拳脚的机会。而传统的考名校、进名企、谋个轻松钱多又稳定职位的狭隘思想已经完全不适应当下世界。就是真的进了名企，"轻松""钱多""稳定"这三件事都是做梦，除非老板脑子进水。老板脑子都进水了，还有"稳定"可言吗？那样的企业不倒闭等什么呢？

传统的学校考试重点着眼点在学生学习书本知识的效果考核，但卷面成绩最拔尖的总是少数人，每个孩子都进前三名可能吗？除非班里只有仨孩子。而在多元智力理论之下，学校考试的卷面成绩只是反映了一部分学生的学习效果，并不会否定那些成绩并不出色的学生，从而使更多人可以有信心去发掘自己的个人潜力，去追求个人梦想和自我价值的实现。

发展多元智力，找到适合自己的个性化的发展空间，这就要求教育必须促进每个人各种智力的全面发展，让个性得到充分的发展和完善。

多半智力因素都不是目前的学校教育能提供有效帮助的，这就需要家长重视，小灶进补。错过了关键时期，只能事倍功半。就像六岁开始学芭蕾和三十六岁开始学芭蕾，老腰累断也拼不过小娃娃。根据自家孩子的实际情况进补音乐、体育、美术，我认为很有必要。不以考级为最高纲领，着眼于对艺术的理解、学习和欣赏。此外，还要多接触大自然。

您的孩子已经很努力了，数学成绩就是上不去，那说明他成不了陈景润，可是，您自己不也没成陈景润吗？您就没发现孩子篮球打得风生水起吗？或者抱着把破扫把就能唱俩小时？再或者他的烹饪手艺非常棒，去外面吃过一次的菜，回家就能自己捉摸着做个八九不离十？真的，雕塑家罗丹说过，"生活中从不缺少美，而是缺少发现美的眼睛"，我们不妨现在先休息一会儿，闭上眼睛靠在椅背上想想，自家孩子的"美"在哪里，我们的"发现"在哪里。

六

和孩子站在一边

记得上小学的时候我和一个比我大的学生发生了冲突，忘了因为什么，我回家向我妈讲述了经过。我妈立即带我去学校，要求老师出面解决，具体怎么解决的我也忘了，可是从那以后我妈得了个不太好听的标签——"护犊子"。我就是那个惹是生非的"犊子"。直到现在，她还记得，我的班主任老师当面就说她"护犊子"。因为在我小时候生活的地方，乡情淳朴，一般两家的孩子打了架，两家家长都是各自教训自己孩子，不会带着孩子去找对方。我妈算是少有的，她觉得自己孩子没错，所以坚决不愿意不了了之。可是，我没有跟我妈说过，这是我心底的小小温暖，纵然我妈也揍过我，可是我想起挨揍的疼的时候，也会想起她在办公室"舌战群儒"的模样，为了保护她的"犊子"，她选择了站在我这边，而不是不问是非地责备我打架。她选择了相信我说的话，而不是听也不听地置之不理。她宁愿背一个难听的标签，成为一群人的笑柄，也要做她认为对的事，这一点影响了我，我在这个问题上继承了她的衣钵，我认为对的，刀山火海也要干。还有就是，我会和我的孩子站在一边，哪怕她错了。但是站在一边不等于不承认错误，不等于姑息迁就，不等于包庇纵容。我要站在她的立场上，把问题思前想后，分析得失利弊，我要帮她渡过难关，让她知道妈妈的爱与支持。

是的，就算孩子错了，也和他站一边。你不帮他，让他靠谁？

有一天晚上女儿写完了作业开始削铅笔，一支又一支，没完没了地削。我有点不忍心，但是我家的规矩是让孩子自己削铅笔，所以我把视线转移到别处，假装没看见。这时孩子爸爸下班回来了，一看女儿面前一堆铅笔屑，小手捏着转笔刀还在一个劲地转，就说："怎么削那么多？削两支得了，带个转笔刀去学校，随时用随时削呗。"孩子头也不抬地说："不行，学校不让带转笔刀去。"爸爸不假思索地说："胡说八道，学校怎么会不让带转笔刀？你张嘴就来啊！"就这一句话，孩子的眼泪涌了出来，她委屈地说："就是嘛，就是不让带嘛。"孩子就是孩子，她找不到辩论的核心点，她完全可以回一句"不信你去问老师"，可她想不到"证人证言"，只好流泪磨牙。爸爸还在那表示不相信，我必须站出来了。我说："孩子说的可能是真的，因为他们学校保洁员少，都是老师帮忙打扫卫生，铅笔屑细小，不方便收拾，不让带转笔刀大概是这个原因。再说刀片掉下来可能伤到手，学校可能也不想担这个风险。老师经常发微信提醒带五支削好的铅笔去上学，现在功课多了，五支大概不够用。"孩子找到救兵了，眼泪慢慢少了，默不作声，爸爸也闭嘴走开了。

这只是一件很小的事，想想看，孩子何必要撒谎？大人又凭什么主观判断孩子在胡说？想了解真假还不简单吗，问问别的同学、问问老师，马上就能知道了。一般情况下，孩子说的，我们做家长的耐心听听，想想是不是合乎逻辑，不能确认的可以通过别的方式进一步了解，大可不必先入为主地不相信孩子。

如果孩子说："妈妈，我今天放学路上看到一只猪，又黑又大在街上跑。"家长能断定这是假的吗？说不定就是哪辆车坏在半路上，车上的猪乘机逃跑了。想知道详情，完全可以继续聊天问问："是吗？除了你还有别人看到吗？有没有人追？后来怎么样了？"如果孩子回答："猪起飞了，飞到天上不见了！"好吧，你可以当成是孩子的玩笑或者幻想，这么有想象力也很不错。如果是我听到这个解释，就会回应说："好厉害，我还没见过猪起飞呢，你要不要把你看到的这一幕画下来给我看看？"

一项新的心理学研究表明，对孩子是"压抑"还是"支持"会对孩子的身体造成影响，孩子感受到的心理压力越大，皮质醇水平越高。自我控制能力越高的孩子，皮质醇水平越高，心理压力越大。当孩子知道，父母是愿意了解、接纳、支持自己的时候，他们会相应地减轻心理压力，皮质醇水平下降，不那么"强求"，不那么"严苛"地想要自我控制。这不是说不用自我控制，而是指一定程度上回到一个正常水平上来。

心理学中的社会支持系统通常是指来自社会各方面包括父母、亲戚、朋友等给予个体的精神或物质上的帮助和支持的系统。良好的社会支持系统当然有助于一个人的心理健康和抵御生活压力。

一、和孩子站在一边，应当允许孩子有正常的情绪表达

孩子哭了，很多家长不管三七二十一就说"不许哭""有什么好哭的""哭，哭，一边哭去""男子汉不流泪""你能不能勇敢点""有那么疼吗？至于哭吗"，这些都是让孩子感觉雪上加霜的话，你连孩子合理表达情绪的权利都剥夺，还敢说这是爱孩子吗？

家长可以说："宝贝摔疼了是不是？妈妈知道了，好心疼你，让妈妈看看摔破了没有？妈妈小时候也经常一不留神就摔一下，小朋友磕磕碰碰总是难免的。"也可以说："你伤心了是不是？小鸟死了，你很喜欢它，你们是好朋友啊。妈妈也很伤心，我们一起安葬它好不好？小鸟一定不希望你这么伤心的，好朋友不是都希望对方开心的吗？它活着的时候你爱它，它的一生没有白白度过啊！"

二、和孩子站在一边，对于打破权威和规矩的情况要区别对待

如果孩子说"我不同意弗洛伊德的观点""我发现老师讲错了一个问题""我觉得我弹钢琴比郎朗棒"，家长会怎么想？怎么回应？孩子有没有权利不同意某种观点？老师会不会讲错问题？孩子

自信比钢琴大师还出色值不值得鼓励？真爱孩子的家长会这样回应："是吗？你不同意弗洛伊德观点的哪一部分呢？你可不可以仔细谈谈？我很愿意听听啊！"或者说："老师讲错了？是怎么回事？只有你发现了还是很多同学都发现了呢？那你知道正确答案是什么吗？"又或者说："你比郎朗钢琴弹得棒？这么厉害？我很为你骄傲，每个人的成功都要付出努力，我相信你有这方面的天赋，多一点努力会更出色，是不是？"

三、和孩子站在一边，要接纳孩子犯的错或失败

不能因为一次失败或错误就做出否定的绝对化判断，更不要随意说出打击孩子信心和尊严的话。即便是支持孩子，也要注意，别说"妈妈相信你一定会成功"之类的话，这等于无形中又在增加孩子的心理负担，"一定"表达的是绝对化的要求，"相信"变成了鞭策和"不容许失败"的别名。更好的表达方式是："无论结果怎样，你努力去做就好，至少不留遗憾。"

四、和孩子站在一边，要接纳孩子的奇思妙想和个人决定

他打算当个蛋糕设计师，他想设计个动物交友 APP，他决定放弃某专业转而学习更感兴趣的专业，家长为什么不支持呢？只因为他的梦想和你的梦想不在一个频率上吗？他的人生是他的，你的人生是你的，彼此要有个基本的界限。

爱孩子，就和他站在一边吧，并且，要让他知道。

七

严厉的家长是焦虑投射

你焦虑的核心是什么，往往是你自己的成长过程中缺失了什么。

"50后"的家长（我的父母那一辈人）经历过太多苦难，因而把"稳定"看得尤为重要。记得当初我参加高考之前，填报大学志愿，我自己非常想报法律专业或者广播电视专业，但我父母极为反对，坚持让我填报师范类大学，他们认为一个女孩子当个老师，过稳定的生活就是莫大的幸福，他们觉得一个女孩子站在法庭上唇枪舌剑很不像话，而广播电视这样遥远的行业是他们不了解也不愿意去了解的。以至于后来我从任教的中学辞职，变成自由职业者的时候，父母更是难以接受，非常焦虑，他们始终觉得自由职业风险很大，没有保障，而我的着眼点是个人成长、自我实现、做更适合我的有意义的事情，而不在乎所谓的风险、保障，我愿意为自己的决定负责，做出努力，并坦然接受结果。

像我一样的"70后"家长，童年时生活在物质生活相对匮乏而精神生活比较自由的年代，因而往往会很在意孩子的物质生活品质。我小时候生活在郊区，很少能穿上新衣服，到小学五六年级的时候开始有了对美的理解和追求。记得有一次学校要求"六一儿童节"表演节目，人人都要穿白衬衫、蓝裤子、白网球鞋，但是我妈不肯给我买白衬衫，我在着急几天之后从家里偷了五元钱藏在书包里，惴惴不安又不知道怎么办，完全没想过钱够不够买白衬衫，去哪里买，就算买到了穿回家还不是会穿帮。最后，我妈发现钱少了，立即跑到学校"抓捕"了我这个唯一的"嫌疑犯"，还当众揭露了我的"罪行"，身为少先队大队长的我，当时很想找个地缝钻进去。

最后，我妈还是给我做了件白衬衫，按照她自己认为的审美标准，领子做成拿破仑式的大圆翻领带花边，领口处两条长长的白飘带可以扎成蝴蝶结。我不得不穿着和全班同学都不一样的白衬衫站到队伍里，后来老师想了个办法，让我站到第一排的中间，才显得不那么突兀。所以我决心不让这样的事在我女儿身上重演，一年四季会买很多漂亮衣裳给她穿。我当然也反思了自己的行为，并进行了适度调整，我自己很清楚，我给女儿买的衣服也是在弥补我自己童年的缺憾。

"80后"家长，成长过程中物质生活与精神生活都比以前要好得多，但是竞争也比从前激烈，因而更看重孩子的竞争能力和生存能力。比如为了将来孩子小学升初中能选择实力更强的学校，能顺利通过优质初中的选拔考试，让孩子从小学低年级就开始上各种艺术特长班、奥数班、英语班，如果孩子考级不过或者成绩在班里相对落后一点，家长就会格外着急、焦虑，连带着孩子也跟着焦虑、自责、内疚、自我怀疑。

　　这些着眼点，当然都是以爱为出发点，也无所谓对错，总有一定的道理。需要注意的是"过犹不及"，过于迫切和绝对的要求，不仅仅是在投射家长自身的缺乏安全感、不自信、补偿心理，也会把这样的不良心态传递给孩子。比如画画，真正卓越的大画家都不是父母逼迫出来的，父母的企图心比孩子还强烈，那是父母的理想，而不是孩子自己的。只有当孩子把一件事情当成和呼吸吃饭一样重要，千百次地重复也不觉得乏味，反而更加兴趣浓浓的时候，他才会有源源不断的动力支持自己去面对困难，自我突破，取得更大的进步，登上更高的山顶。

　　现实中，家长们每天生活在一个怎样的大环境之中呢？是否有足够的心理能量去消解那些负面信息和负面能量呢？上有老下有小，中间有伴侣关系和忙碌的工作，还要兼顾理想的火苗别被熄灭。而大环境中令人忧心的因素也很多，包括医疗、教育、交通、住房等方方面面，个人必须以自己的臂膀去承受现实的严酷，想做到不焦虑、不抑郁也很难。

　　我们可以自己在网上做一做简单的心理测试，我推荐 SDS 测试和 SAS 测试。

需要说明的是，测试结果只能一定程度地反映出被试者当时的情绪状况，而非绝对定论，自己做测试的目的是自我了解，做个参考，然后寻找恰当途径缓解不良情绪。

SDS 即心理学抑郁自评量表。首先理解量表的填写方法及每个问题的含义，然后做出独立的、不受他人影响的自我评定。自己根据最近一星期的实际情况来回答，主要用于疗效评估，不能用于诊断。一共 20 道题，得分总和乘以 1.25 后的得数整数部分即为标准分。标准分上限为 53 分，标准分低于 53 分，说明心理状况正常，超过标准分 53 分说明有抑郁症状，分值越高，说明抑郁症状越严重。53 ~ 62 分为轻度抑郁，63 ~ 72 分为中度抑郁，73 分以上为重度抑郁。

SAS 即心理学焦虑自评量表。首先理解量表的填写方法及每个问题的含义，然后作出独立的、不受他人影响的自我评定。自己根据最近一星期的实际情况来回答。目前它是心理咨询师、心理医生、精神科大夫最常用的心理测量工具之一。主要用于疗效评估，不能用于诊断。一共 20 道题，得分总和乘以 1.25 后的得数整数部分即为标准分。标准分上限为 50 分，标准分低于 50 分，说明心理状况正常，超过 50 分说明有焦虑症状，分值越高，说明焦虑症状越严重。50 ~ 59 分为轻度焦虑，60 ~ 69 分为中度焦虑，69 分以上为重度焦虑。

对孩子过于严厉的家长，通常比较缺乏安全感，缺乏自我价值的肯定，同时比较焦虑。可能有的家长会辩解说，孩子真的很不好管教啊，能不着急上火吗？这个问题，心理学同样早有回应。

美国心理学家埃利斯创建的情绪 ABC 理论认为，激发事件 A 只是引发情绪和行为后果 C 的间接原因，而引起 C 的直接原因则是个体对激发事件 A 的认知和评价而产生的信念 B，即人的消极情绪和行为障碍结果 C，不是由于某一激发事件 A 直接引发的，而是由经受这一事件的个体对它不正确的认知和评价所产生的错误信念 B 所直接引起。错误信念也称为非理性信念。简单说就是真正导致你对孩子的愤怒情绪的不是孩子的问题如何，而是你如何看待这些问题。

举例来说，一个班有 45 个孩子，小明的成绩排在第 20 名。家长甲的态度是怒不可遏，因为他认为自己的孩子理所当然应该取得前五名的成绩，参考是上次考试小明考了第 3 名；家长乙的态度是欣喜若狂，因为他完全没有想到孩子的进步会如此神速，原以为会倒数，参考是上次考试小明考了倒数第三；家长丙的态度是肯定孩子的学习态度，帮孩子寻找学习方法的改进方式，他认为和别人比没有意义，和自己比就好，不断地解决问题，不断地取得进步就是成功。孩子的名次是激发事件 A，不同家长的不同情绪和行为后果是 C，而导致 C 的差异的不是 A 事件本身，而是不同的认知和信念 B。

所以，我们对孩子的态度如此严厉，并非是因为孩子的问题真的已经严重到迫使我们发飙了，而仅仅是我们家长的"不合理信念"导致的情绪和行为结果而已。

不合理信念主要包括"绝对化要求""过分概括的评价""糟糕至极的结果"三类。

绝对化要求，即不留回旋余地，不顾客观条件的目标要求，比如"你必须考进前十名""一定要成功""不达目的誓不罢休"等。

过分概括的评价，即不客观的评价，以偏概全，比如"你真是笨得无可救药""你真是一无是处"等。

糟糕至极的结果，即对个别事件影响的扩大化想象。比如"她要是不理我，我活着还有什么意思""考不上名牌大学，这辈子就完了""这次失败，永远也别想翻身了"等。

所以，爱孩子，就不要把自己的焦虑投射给孩子，也不要用不合理的信念来徒增烦忧。

八

家长凭什么逼迫孩子"有出息"

这一篇的题目本来是打算写成"没本事"的家长凭什么逼迫孩子"有出息",可是,想来想去,很怕"没本事"三个字引起误会,反而让我们不能心平气和地探讨关于教养孩子的问题。

可是,我还是想说一下"没本事",什么是"没本事"?什么是"有本事"?想到这里,我心头涌动的是一丝淡淡的悲哀。没错,当下的大环境的确有些浮躁,身为家长的我们又何尝不是在迷惘中追寻呢?同学会上推杯换盏,虽然大家心里都有昔日情谊,可是或多或少也会暗暗比较下别后数年来各自的人生"成就",比较直观的当然是开了什么车、住在什么小区、有没有海外度假、在公司里是什么职位、年薪几位数,等等。很少有人会互相问:"哎,你最近在读什么书?对谷歌和百度的价值评价,你怎么看?"哈哈,脑子是不是烧坏了?居然问出这样的问题?

谁在乎这个？显然，大家都很愿意看到同学"有本事"的一面，并不太在意其他。然后再想想我们给同事张小姐介绍个男朋友，会怎么说？比较通俗的介绍方式是"某男，大学本科，二十八岁，身高一米八，祖籍山东，目前在一家公司做电子工程师，月薪过万，有车无房，但随时付得起首付款，无不良嗜好，喜好旅游和摄影……"，其中"月薪""车房""学历""职位"是很多女性重点考量的指标，换言之，这些指标高一点，也能弥补其他指标的不足，月薪过十万，那么年龄或身高似乎可以将就一点。

当然，这些都是很正常的，大家都有权利选择自己中意的人、中意的因素，我只是想说一点，那就是——当下的主流价值观所认为的"有出息"仅仅是"出息"的一部分形式而已，如果身为家长的我们，在名车、豪宅、职位、年薪这些指标上算不上所谓的"有出息"，我们是不是就失去了教养孩子的权利和权威性？我们应当还是完全有权告诉孩子基本的是非美丑，给孩子爱和支持的吧？我们还是完全可以做负责任的家长，努力培养孩子好的性格和积极的心理品质的吧？我们应当也能辅导一部分功课，陪孩子度过美好的童年时光的吧？孩子对家长的接纳是全身心的，对家长的爱是单纯而无条件的，哪怕自己的妈妈没有隔壁小明的妈妈漂亮，孩子还是爱自己的妈妈，还是要奔到自己妈妈的怀抱里去，这样的信赖和爱，值得我们做家长的珍视和反思啊，我们能不能也用同样的无条件的爱回应孩子呢？

而如果，我们是那部分所谓"有出息"的家长，那我们是否注意到了，"拼爹"这种怪异的现象，会带给孩子怎样的未来呢？一位做特殊教育的校长忧心忡忡地对我说，送到这里的孩子大部分都是独苗，且家庭环境优越，父母很有成就，可是在孩子教育的问题上却焦头烂额，无计可施。

当你对孩子的期望落空或者有落差的时候，先别急着责备。想想自己，是不是也曾经这样被父母责备过？自己当时是什么样的心情？是否觉得委屈？是否有不得已的苦衷？你在苛求孩子的时候，怎么不转回头问问自己，上了什么名校？减肥成功没有？戒烟顺利吗？得到心仪的职位了吗？年薪目前几位数？如果你没上过名校，还没成为董事长或总经理，你又原谅了你自己，那么能不能拿出同样找借口的精神来理解下孩子的处境？他还没进前五名，成绩还没上九十分，他还是有时候会睡个懒觉，因为他和你一样，是个人。而他和你一样，都希望自己做得更好，也准备付出努力，只是距离实现目标还有很长的路要走，而希望就在前头，等着他，等着你，等着我们每个人。

如果你现在是个普通人，请你想想，你有什么理由不接受你孩子的"普通"？普通不等于不幸福、没有价值、碌碌无为。普通人有更卓越的可能，更卓越的人也都曾经是普通人，没有成为更卓越的人也会有自己的价值，自己的快乐，自己存在的意义。想想看，你存在的意义是什么？享受生活，追求理想，照顾家庭，陪伴伴侣，抚养孩子，又有什么不可以呢？

家长有没有"本事"另说，我们又怎么能苛求孩子必须"有本事"呢？什么是孩子的"本事"？除了"成绩好""名次优""证书""奖状"，想想看，孩子别的"本事"有没有得到家长的注意和赞赏？比如，语文成绩未必很高，可是博览群书，喜欢写作；比如，对上百位著名历史人物生平如数家珍；比如，家里的电器坏了，孩子能鼓捣鼓捣修好；比如，孩子尤其喜爱园艺，打理出一个缤纷美丽的家庭花园……我们在关心孩子所谓的"本事"之前，是不是先关心孩子的身心健康和自我肯定？然后有没有"本事"、怎样的"本事"，那只是孩子自己去选择和付出努力的暂时结果。对，暂时，他此刻做得不够好，不等于永远做不好。他做不好这个方面，不等于做不好所有方面。就和家长一样，我们找到了自己的位置了吗？我们可不可以给孩子时间和空间，去找找自己的位置呢？

心理学研究表明，责任感、是否乐观以及好学程度比智商和家庭经济地位更能预测孩子未来的事业及收入水平。换言之，无论家长目前的实际情况怎样，如果要想教育出事业成功、收入水平高的孩子，都要注意培养孩子的责任感、乐观精神和好学态度。

一、责任感

孩子也要承担家庭责任，重大事情也要和孩子商量，听取孩子的意见；鼓励孩子独自决定并接纳后果，承担责任，解决问题。

　　培养孩子的责任感，随时开始都不晚，但是早培养比晚培养更好。孩子本来是并不缺乏责任感的，他跌跌撞撞地行走，摔倒了爬起来接着玩，把能抓到的东西都送到嘴里尝尝，啃到柠檬酸得流眼泪，可是下次还会去尝别的东西。孩子的责任感是怎样丧失的呢？从家长说"不许""不要""不能"开始，必要的提醒是为了孩子的安全成长，过多的提醒也就消减了孩子的责任感，因为家长替孩子做了太多决定。培养孩子的责任感，就要多鼓励孩子自己思考、自己决定，自己为自己的决定负责，家长提供技术支持和精神支持。比如远足，今天全家走五千米，边走边歇息，自己的背包自己扛。家庭事务应当拿到桌面上讨论，家长也得认真倾听孩子的看法，让孩子知道自己被重视、被尊重。家务劳动是全家的事，孩子也要参与。尤其是自己的事情自己做，这一点，从两三岁就要培养孩子这个基本意识，给双袜子自己去洗，不怕溅水不怕洗不干净，只要能开心去做就行。随着年龄增长，参与事项也要更广泛更细致，并带入技术要求，如多长时间之内做好什么事，做不好返工，做好了自然要给予肯定。孩子的责任感强大了，将来也会对自己的学业、事业、家庭有责任心。

二、乐观态度

　　父母首先要有个积极的心态和眼光，看问题注意多看积极面，和孩子一起享受生活中的种种乐趣，用小开心积累大幸福。

　　美国心理学家凯莉有一堂演讲课，给人很多启发。大致的意

思是，研究人员花了 8 年时间追踪死亡案例，18.2 万美国人过早离世，并不是因为压力本身，而是认为压力有害的这个想法。换言之，积极地看待压力的存在，比单纯地想逃避压力更有建设性意义。当你相信自己能应付生命中的挑战，你的身体各部分机能会启动"超人模式"来帮你渡过难关。

想想看，比如体重超标，起码可以通过锻炼和调整饮食恢复到健康体重，总比得了厌食症好处理。比如，没有考上重点中学，时间上可能更自由，压力不那么大，更好地培养自己的学习能力和时间管理能力，也能把一部分时间和精力继续分给个人的兴趣爱好，比如让不同品种的花卉嫁接之类的奇妙创意。乐观的人，即便面对打击，也能迅速重新集结能量，迅速摆脱不良情绪的困扰。今年没考上理想的大学，说不定明年能有更好的学校发来录取通知书，说不定去开家甜品店开发些与众不同的新品种也不错，说不定干脆出国游学半工半读会遇到更有趣的机会。

乐观的态度是很容易传染的，当孩子打碎了杯子，就说"幸好没扎到手"，烧糊了饭菜，说"幸好没引起火灾"，拿着考了 70 分的卷子，说"哈，幸亏写名字了"，乐观可是对抗挫折的金牌良药，也是头脑灵活积极乐观的特质。

三、好学程度

父母自己也要有学习的进取心和实际行动，帮孩子设计可以实现但又需要一定努力的学习目标，让孩子发现学习本身的乐趣并享受成就感，把学习看成和呼吸一样自然的事。

只要孩子依然有学习兴趣，自然而然就会有学习动力，困难不过是人生路上的垫脚石。所谓学习，可不仅仅是文化课。希望家长放开眼光，哪怕是他就一门心思地研究两栖动物进化史，又有什么不可以呢？他自己开心不也是很好的事吗？

无论家长有没有"本事"，也请不要逼迫孩子必须"有本事"。爱孩子，放下"本事"这件事，先关注孩子的责任感、乐观态度和好学程度吧！

九

父母双全的"孤儿"该怪谁

　　说起留守儿童，俨然已经成为当下社会的一个严重问题，在生计与生活之间，一些家长不得不以生计为先，夫妻俩去上班，把孩子交给爷爷奶奶或外公外婆照顾。

　　据说，目前中国农村留守儿童有六千万之多，城市里也有大批孩子同样不能经常和父母见面。在这里，我也确实感到很心痛，这样庞大数字的背后有多少社会问题？又有多少孩子的心理问题？解决之道非一日之功，我想申明的是，在力所能及的范围内，不要让孩子成为父母双全的"孤儿"，尽可能多地陪伴孩子，尤其是在孩子 12 岁之前。父母的角色、父母的爱无可取代，而这些是爷爷奶奶无法给予的。为什么有些孩子长大一点重新回到父母身边却一直难以建立亲密的情感关系，而始终对养育自己的爷爷奶奶甚至阿姨感情深厚？这很容易理解，在孩子孤单寂寞的时候，需要爱和温暖的时候，谁陪在他的身边，他自然会逐渐把感情投注给谁，可是，缺失的父母之爱却在一点点蚕食孩子幼小的心灵，他的安全感缺乏必要的根基。

最近看到一篇文章《一个农村儿媳眼中的乡村图景》，作者是位大学教师，文章中写到进城务工一代的子女长大后继续进城务工，留守儿童的子女还是留守儿童。尤其令作者感慨的是"留守儿童缺爱的童年，让他们从小难以获得爱的能力，当他们长大到成为父母时，这种爱的缺失，并不会随身份的改变有如神助一般地得以弥补，爱的荒芜的代际传递，才是真正让人担忧之处。对比城市正常家庭孩子获得的关爱和良好教育，不可否认，另一种看不见的差距，已经将城乡差距的鸿沟越拉越深。"

事实上，在城市也存在着类似问题，只是被浮华表象掩盖了下去而已。

每天晚上我都会站在学校门口接孩子放学，和我一样翘首以待的接孩子大军里有一大半是白发苍苍的老人。孩子班上有位小朋友的爷爷经常跟我聊天，问怎么下载试卷，怎么使用教育软件，买什么样的学习机，给孩子看不看作文书，怎么解决数学应用题的思路，老人说儿子儿媳在半小时车程外的地方居住，只有周末才有时间陪孩子，老人每周五帮孩子完成作业后送孩子去他们那里，每周日下午再去接回来，几乎完全是由爷爷照顾孩子的日常生活。可是老人没有微信，不能及时收到老师发的信息，老人也不会英语，孩子也就一直没做网上的英语作业。我不知道这个孩子的父母工作究竟是有多繁忙，半小时车程不算远，为什么不亲自教养孩子，而要这样完全甩给爷爷。是觉得不用白不用？还是确实忙到如陀螺转圈圈，完全顾不上孩子？换成是我的话，就算忙到晚上八点下班，我也要接孩子回家，说说话，问问一天的情况，陪孩子上床，读个小故事，然后亲吻孩子的额头，摸摸小手，搂进怀抱说"妈妈爱你"。

上个月女儿跟我说，班上一位已经转走的同学去农村上学了，平时住校，周末回姨妈家。那位同学的妈妈去世了，爸爸要去很远的地方上班。七八岁的孩子去住校，周末也不能见到爸爸妈妈，听来真是让人难过，可是他毕竟还有姨妈家可以去，还有爸爸会继续完成养育责任。我很希望那位同学的爸爸，能在赚钱养家的同时也关注到孩子的心灵需求，多给孩子一点爱和陪伴，哪怕不能天天见面，也要经常联系孩子，让他知道爸爸的爱一直在身边。

所以，请不要让孩子成为父母双全的"孤儿"。

首先，因为父母的爱不可替代，父母的责任不能转嫁。心理学家埃里克森将人格发展过程划分为八个阶段，从出生到成年后期，不同的阶段有不同的发展任务和形成良好人格品质的内容，成年以前的阶段性发展任务依次为获得信任感、自主感、主动感、勤奋感和角色同一性。教育的作用在于发展积极的品质，避免消极的品质。为什么有些孩子成年之后表现出心理发育迟滞或种种行为问题？很大程度上可以追溯到童年时期的教养缺乏，这些问题到了成年之后才显现出来。

其次，隔代教养导致孩子的父母与爷爷奶奶辈因为教育观念差异而产生矛盾，容易引发家庭纠纷。孩子在争执纠纷中或者茫然无措，或者价值观混乱，左右逢源。有的家长一方面把养育孩子的任务交给了爷爷奶奶，另一方面又对老人的一些做法表示不满意。

再次，应当重申一点，能自己带尽量自己带。法律意义上父母才是孩子的监护人，对孩子的养育负有直接的不可推卸的责任。实在有困难，不得不委托老人照顾，家长也要经常和孩子打电话或视频对话，保持联系。对老人先表达感谢，然后倾听老人的看法，再提出教养方式的不同意见。当老人依然执着于你不认同的教养方式的时候，你需要做个决定，是妥协于他们的意见，还是干脆自己带孩子。

最后，与孩子的留守困境相对应的是一种非常耳熟能详的家长辩词——"我们这么辛苦还不是为了孩子"。这等于变相的情感绑架，让孩子为了"还债"而背负重负。父母要有自己独立的人生价值，不管是不是有自己独立的工作、事业。你是一棵松，你的孩子也是一棵松；你是一条藤，你的孩子也是一条藤；你不肯站出来为自己的人生负责，你的孩子也会学你，不为自己的人生负责。

爱孩子，就要多陪陪孩子，方式可以灵活，态度需要真诚。

陪孩子，传递爱和关怀，让孩子知道你的心意。一个温暖的拥抱，告诉孩子你爱他，打电话问问当天的心情，寄一张手写的卡片，送一个精心挑选的礼物，陪孩子阅读有趣的书（哪怕是在电话里），任何方式都可以，如果连这些都不肯做，还要把孩子完全推给老人，自己只做挂名父母，那不如在生孩子之前再谨慎考虑一下。

陪孩子，就要专注并保持平等姿态，用孩子的视角看世界，寻找和孩子的共同语言，分享快乐，分担悲伤。不要一边做家务一边追问成绩，也不要一边玩手机一边听孩子唱歌。当孩子说喜欢粉色小熊时，请不要说"太幼稚"；当孩子伤心哭泣时，不要说"必须勇敢"。感同身受孩子的喜怒哀乐，和孩子成为无话不谈的朋友，不但亲密了关系，也为今后的顺利教养扫除了心理障碍。

陪孩子，要多肯定多鼓励，只建议不决定。用积极的态度看待孩子的成长以及出现的种种小问题，每次试错都像科学实验一样，在前往成功的路上迈进。多用"你觉得怎么样""我建议你这样，你考虑一下好吗""你的创意很赞，我为你骄傲"，不要说"听我的没错""不听话就不要你了""你还不如小明"。

陪孩子，是父母双方的事，不能只交给一方。爸爸和妈妈是包裹一颗珍珠的两片贝壳，给予孩子不同的爱和营养。如果是单亲孩子的家长更要付出双倍的爱，并寻找机会给孩子缺失爱的替代品，比如老师、亲属、朋友，不要让孩子自卑，不要让孩子记恨另一位不在身边的家长，不要在孩子的心里埋下悲伤的种子。

有一首儿歌，孩子们都喜欢唱，唱出了孩子内心的渴望。"爱我你就陪陪我，爱我你就抱抱我，爱我你就亲亲我，爱我你就夸夸我"，好，现在，合上书，告诉孩子，你爱他，你会多陪陪他；告诉他，你为他骄傲，他在你心中永远独一无二。

十

越深爱越放手

所谓放手，不是放任，任凭其胡作非为变成人人厌恶的"熊孩子"，也不是完全不管，给口饭吃然后让其自生自灭。这里的"放手"是指相信孩子的能力，鼓励孩子去探索尝试，给孩子锻炼自己的机会，赞美孩子的努力，也让孩子适当地经历挫折，增强抵抗力。

爱不是包办代替，不是包揽一切，爱是让孩子成为更好的自己。

人类抚育后代的时间是最长的，从出生到大学毕业，或者至少到能独立工作，有经济来源，短则十七八年，长则二十多年。这当然是人类生理特征及社会文化和生活方式等多方面因素造成的。在这漫长的抚养期里，父母要付出深切的爱和细致入微的教育引导。孩子的成长环境在一定程度上决定了未来的心理健康、人格养成、综合能力和幸福感受。

我们爱孩子，最终的目的是让孩子知道自己是值得爱的，也要让孩子学会接受爱，付出爱，在爱与尊重的环境里用积极的态度去面对属于自己的未来。

很多家长习以为常地认为爱就是为孩子付出一切，提供最好的物质条件，满足孩子的一切要求，不让孩子受一点苦，不让孩子做任何家务，一只鸡上桌，两条鸡腿都放进孩子一人的碗里。这种爱当然出于真心，但却是与爱的最终目的背道而驰的。在这样宠溺无度的环境中长大的孩子，最容易变得目中无人、自私自利，经不起挫折受不得风雨，而孩子没有得到他真正需要的成长体验，没有机会去做一点自我肯定自我实现的事，渐渐成了所谓的"五谷不分四体不勤"。电视节目《变形计》里有很多这样的孩子，进入青春期后家长意识到问题已经悔之晚矣。

曾经有一篇介绍日本小学生日常生活的文章在网上广为流传。中午在学校，学生们收起书本，在课桌上铺好桌布，午餐值日生系上围裙，戴好餐帽和口罩去餐车上把全班的午餐领回来，并向厨师鞠躬致谢。全班学生用餐前也要向厨师和值日生同学道谢，餐后井然有序地回收牛奶盒和餐具。值日生把自己穿过的围裙、帽子、口罩带回家洗干净，第二天带到学校交给下一任值日生同学。这些说起来都是力所能及的小事，然而就是这些小事培养了孩子的感恩之心，让他们觉得勤劳、整洁、礼貌、自立等美德是每个人都应该有的。

家长适当放手，把孩子的人生还给孩子，让他们体会成长的乐趣和自我实现的成就感，成长为独立、自尊、自信的人，才是对孩子真正的爱。

澳大利亚和英国心理学家对 164 名 4 岁左右的幼儿和他们的父母进行研究，得出结论：挑战型教养行为越少，孩子的焦虑症状越多（比如怕黑、怕失败、怕打雷、怕陌生人、怕自己一个人睡觉等）。同时，研究发现，爸爸们的挑战型教养行为比妈妈们多。这个不难理解，通常爸爸都是那个把孩子举过头顶抛起来玩的大力水手，而妈妈在一边紧张地叮嘱"别摔着、别摔着、别摔着"，不厌其烦。

想让孩子有更多的安全感，减少焦虑，自信心满满地享受人生，我们做家长的就要为孩子着想，通过不同的挑战型教养方式来锻炼孩子的体能和心理。

想想看，我们自己有多久没做富有挑战性的事情了？下了班吃晚饭，一家人散散步看看电视，周末的时候玩玩游戏看看电影，找朋友聚会，或者去就近的地方参观游览。不错，这也许很正常，但不代表没问题，问题就如我一个朋友最近给我发的牢骚——"太无聊了""没意思""不好玩""没劲""消磨时间"。物质财富不少，不必为生计烦恼，家庭生活也算平静温馨，为什么生出这些慨叹？因为太久不做具有挑战性的事，体会不到追求、挫折、成功的乐趣，失去了生命的激情。

挑战型教养包括心理的和体能的。

　　所谓挑战，并不是"不达目的誓不休"，不是"非怎样不可"，挑战是对自己而言，做自己想做而不敢做的事，"不敢"是指没信心，不确认结果，怕自己坚持不下去，怕失败等。比如每天跑一万步，比如来一次高山露营，比如蹦极，比如每天坚持学习英语一小时，等等。这种挑战主要是指精神上、心理上，突破自我，发现自己的更大潜力，获得成就感和更高的自信心。

　　同时，体能上的自我挑战也同样意义深远，包括越野、爬山、长跑、滑雪、游泳、攀岩、探险等多种方式，应该说每一种新挑战都会带来新的感受和收获，也会给人更大的自信心和自我肯定。

　　说到锻炼，如今孩子的锻炼时间真是太少太少了，每周三次体育课，还要经常被侵占。早晨课间操十分钟，敷衍了事摆花架子，起不到什么锻炼作用。放了学的孩子也没机会去操场上运动一会儿，因为现在很多学校的操场都是铺的塑胶跑道和人工草皮，珍贵得很，舍不得让学生放学使用，只开放给个别运动队的孩子用，大部分孩子只能望而止步。

　　农村孩子相对自由一点，城市孩子的体能从总体水平上明显要更弱，因为基本上周末都被各种辅导班占了，哪有时间锻炼体能？最匪夷所思的是为了中考体育的五十分成绩，家长们终于觉醒了，有的不惜五百元一小时请体育教练帮忙训练，说到底就是长期不进行体能训练，现在为了考试不得不临时抱佛脚。姑且不说成绩能否短时间内提高，单说对孩子的身体健康也非常不利，以往从来不锻炼的孩子突然进行大量运动，身体能吃得消？

体育锻炼要靠请一对一教练，文化课也请个一应俱全，孩子真成了任凭摆弄的娃娃，个人主动性丧失得干干净净。

家长们用心良苦，却忽略了一点，体能不是一天两天就能锻炼出来的，健康的身心也不是花钱请一堆老师就完事大吉的。

爱孩子，就要懂得适当放手，把孩子的人生还给孩子。他有权利亲自去尝尝酸甜苦辣，也像小树苗一样要经历风吹雨打。长了牙齿却一辈子要靠别人喂，是不是很可怜？

过度保护、过度控制，其实等于削弱孩子的生存能力，过度保护往往掩饰着过度控制，控制才是关键。而对孩子的控制过于严苛，则暴露出家长的内心焦虑和不自信，缺乏安全感和自我成就感以及对伴侣关系和家庭关系的不确信。

爱孩子，请放手，放手方式有讲究。

首先，榜样比说教更有效。在面对挑战的问题上，如果孩子看到了父母的勇敢和努力，自然有样学样，紧跟其后，甚至青出于蓝。你鼓励孩子去挑战，自己怎么好意思袖手旁观？不如成为孩子的挑战伙伴。

其次，当孩子面对新环境、新挑战时，家长要尽量本着多说不如少说，多管不如少管的原则，让自己有意识地放手。你多说的，他未必能听进去，也妨碍了他的主动思考；你多管的，他自己不必操心，久而久之，做坏了也怪到你头上去，何苦呢？家长适当地"懒"，会促使孩子不得不"勤"，你放开了手，他蹒跚前行，总会越走越稳，摔几下也没什么，吃一堑长一智。

最后，爸爸妈妈齐参与。不要在教养孩子的过程中带入太多性别标签的价值观，比如"男孩子就要勇敢"，那女孩就不用勇敢了吗？"女孩子应该细心"，那男孩子都不需要细心了吗？好的心理品质就像好吃的有营养的水果一样，男女平等，见者有份。妈妈也要做勇敢的榜样，爸爸也要表现出善良而有同理心。在挑战型教养的问题上，全家齐挑战，互相打气，积极互动。

在我家，女儿五岁开始练习滑雪、滑冰，六岁开始学游泳。我们全家经常爬大山四五个小时，或组织几家一起远足，顺着河流探索自然，捕鱼捞虾，观赏植物，收集标本，也狭路相逢过大花蛇。我们做得并不算很好，但是愿意继续努力，在保证孩子安全的前提下，就让她自己去跌跌撞撞地探索世界。

爱孩子，请放手，终有一天，等他长成参天大树，会谢谢你的爱和成全。

第二部分 如果爱，请真爱

十一

规矩粗线条，细节自把握

　　每天走在接送孩子上下学的路上,或者在公共场所,都经常会看到对孩子殷勤叮嘱的家长。"把扣子扣上,不扣冻死你!""跟你说过多少次了,只能喝热水,冷水喝了要得病!""老师让你带五支铅笔你就带五支? 五支怎么够用? 起码要带十支,多带总是有备无患,不够了问谁借去?""说多少次了不让你和小明玩,他学习成绩那么差,都把你拖下水了。"听来听去,我当然听到了家长对孩子殷勤的爱和关心,可是看那低头不语的小孩子,那匆忙追赶的脚步和忐忑的眼神,我又不由得很想替孩子反驳一句:"你可以不可以别管这么多?"真的,家长什么都要管,什么都要帮忙决定,是真的出于为孩子好? 还是仅仅出于习惯,仅仅是在满足自己的虚荣心? ——看,我的孩子就得完全听我的,哪怕外面的世界根本没人听我的。

即便是对一些细节问题关心，也请记得用询问和建议的方式，把选择权和决定权给孩子，当你替孩子做了所有决定，怎么还能指望他会为结果负责呢？你再多的决定也不能保证万无一失，是不是？那"失"的时候，谁来负责？是做了一切决定的家长，还是完全被动的孩子？让孩子负责，再怎么样也说不过去吧，他完全听话照做了啊，是不是该由做了一切决定的人负责呢？所以，孩子也会因为父母事无巨细的决定而变得不负责任，不为事情的结果负责，也不为自己的人生负责。而这，是家长所期望的吗？

给孩子选择权，就是让孩子学会自己去控制自己能力所及范围内的生活，这样做的意义在于，个人对自己生活的控制力更高时，会感到更快乐，更有成就感。心理学家做了很多实验，研究结果也支持了这一观点，即选择的机会和个人控制力能产生积极作用。选择权带来控制力，而控制力强化责任感，责任感提升者感受到更多快乐与活力，生活质量提高，生活态度更积极。

所以，随着孩子年龄的增长，家长需要参与的事应当越来越少，而不是越来越多、越来越细。大方向上给出基本的规矩，细节让孩子自己去把握。比如学习是自己的事，自己的事情自己做，每个人都有自己阶段性的任务，完成任务是每个人的基本责任。那么每天要背几个单词，考试要进前几名，是先写英语还是先写数学，家长就不要喋喋不休地参与意见了。除非他追着你来问，否则就不要追着指点。

家长很想参与"小事"的意见，很想给孩子积极的影响，又不能封住嘴巴，怎么办？好，关注细节可以，但不要具体地管教和命令，而要采取润物细无声的方式。怎么做到润物细无声呢？

让孩子在家庭文化的熏陶里潜移默化，在父母的榜样里耳濡目染，在自由、宽松、文明、尊重的环境里摸索体会，给心灵、头脑留出时间空间去发挥创造性和自主性，让孩子懂得自我尊重、自我探索与自我肯定。在细节上放手，是给孩子尽可能多一点自由发挥的机会，把孩子的人生还给孩子。他是穿红还是穿绿，他要画画还是看书，他想养猫还是养鸟，只要不威胁人身安全，只要不违反法律规定，家长可以尝试让孩子自己决定。自己决定的人生自己负责，自己知道要对自己的决定负责，势必会考虑更周全、准备更充分，即使失败了，也会自己去总结内部和外部原因，这样孩子的能力得到了锻炼，同时从中体会到了生命的价值与意义。

很多家长最关心孩子的学习成绩，可是却不知道，心理学研究发现，自律比智商更具影响力。自律能力高的孩子有更好的成绩，更容易上名校，出勤率更高，投入在学业上的时间更多，这种影响是智商的两倍。换言之，智商高的孩子未必成绩好。而自律能力强的孩子，哪怕智商不是很高，成绩也可能很出色，因为良好的自我管理能力提高了学习效率，也鼓舞了自信心。既然智商高低是家长不太有办法改变的，那么为什么不大力提高孩子的自律能力呢？自律能力不就体现在日常生活的诸多细节问题上的自我选择与自我管理吗？

家长注意，是自律，不是他律，是孩子主动自我约束、自我管理，不是被动地接受安排、服从命令，这二者之间是有本质区别的。有的家长辩解说，孩子自律性很差，难道家长还不该管教吗？家长再不严加管教，孩子不就真的成了脱缰野马了？这种担心可以理解，但是却紧张错了方向。每个人的时间和精力都有限，重要的是自己为自己负责，而不是自己对他人负责，对父母而言也一样。家长不能越俎代庖，不管孩子的身心发展阶段而一再干涉，一再包办代替，你放手越迟，他的自理能力和自律能力越差，因为他依赖你，而你潜意识里觉得孩子不行，所以你一再拉扯，你的拉扯行为本身就是在告诉孩子"你不行"。

当孩子自律性不强的时候，父母不是以他律去代替自律，而要继续努力培养孩子的自律能力，给予尊重，同时提供必要的建议。比如孩子每天早晨起不来床，然后家长每天早晨跑到孩子床边叫三次，第一次是温柔的，第二次是焦急的，第三次是粗暴的，结果孩子很快就掌握了规律，不到第三次不起来，周而复始，孩子依然不自律，家长依然很恼火。

与其如此，不如换个思路，相信孩子可以早起。预算一下早晨出门前所需要的时间，比如一小时，7：30出门，6：30必须起床。怎么办？可以有多种方法去尝试。首先，闹钟设定在6：25，只给五分钟缓冲时间，然后不再提醒，七点一到，立即出门去，哪怕没吃饭没刷牙没洗脸，来这么几次，孩子自己也会觉得不舒服，午饭之前饿得要命，自然就会自己想办法吃上早饭，吃不上挨饿的是自己，难受的是自己。

还可以尝试的方式是，让孩子参与做早餐，妈妈煮粥，孩子可以帮忙煎蛋、烤面包。妈妈也要工作，为什么早晨就该妈妈起得更早，做好早餐端到桌子前给大家吃呢？难道不该轮流参与或分工合作吗？知道自己有一部分责任，不履行责任怎么好意思去吃别人付出劳动准备好的早餐呢？而且，自己参与做早餐，还可以选择做自己喜欢的，爱吃牛排煎牛排，爱吃面条煮面条，自己给自己换口味，营养美味还有成就感。

还可以尝试的方式是，早晨起床后全家做十分钟健身操，不剧烈的、简单的、轻松的，伸展运动、原地踏步等，配合欢快的音乐，既锻炼身体又愉悦心情，还能唤醒迟钝状态的脑细胞。

怎样提高自律能力？

一、让孩子更乐观

家长要避免对孩子绝对化负面评价，多鼓励，多陪伴。乐观者更有信心规划好自己的生活，更有信心执行自律准则。

二、提高孩子的内在标准

给孩子做个好榜样，自律的家长就是孩子最直接的榜样，同时陪孩子看一些名人传记、电影，让孩子将喜欢的角色的自律特点内化成自己的行为准则。

三、提升孩子的自我效能感

让孩子通过与人合作，限时完成任务等方式增强自信心和自我管理能力。比如十分钟之内完成一个拼图，比如一小时内编个故事并画成简单图册等。

四、加强口语能力

让孩子说出计划，在家庭谈话中进行练习，小范围辩论、家庭或同伴分角色朗读、小范围演讲等都能提高口语能力，表达自己，传递自己的表达内容，形成良性循环。

五、给孩子说"不"的权利

家长不要侵入式关怀，不要"你妈觉得你冷"，请给孩子说"不"的机会，让孩子长大后也会在该说"不"的时候坦然地说出来。

爱孩子，就给孩子更多的选择权吧，规矩粗线条，细节自把握。

十二

男孩女孩都是宝

关注心理学的我，为什么忽然无厘头地冒出这么一句话？这不是社会学关注的事吗？什么男女平等啊，什么女性权利啊，什么关注女童受教育权啊，什么男女同工同酬啊……是的，全球有二十多位女性最高领导人，有六千万失学女童，这和父母爱孩子有什么关系？尤其在中国，"80后""70后"家长一般只有一两个孩子，自然男孩女孩都是宝，还用专门写一大篇吗？

请先听一个发生在我身边的真实故事。

有一天我去学校旁边的"小饭桌"接女儿，下午五点左右，放了学的孩子在"小饭桌"等待家长来接回家，有的在写作业，有的在玩游戏。女儿肯定在玩游戏，她知道放学后到六点之前是理直气壮的游戏时间，所以我在"小饭桌"园子里看到她，身边还站着几个和她年纪差不多的女孩子。

孩子们看到我，跟着女儿围过来，其中一个孩子看着我手里的袋子，非常羡慕地说："阿姨，你对宁宁真好，天天给她买吃的。"我笑着说："每个妈妈都会买东西回家啊，大人孩子不都是要吃东西的吗？水果青菜，人人有份呀。"然后那个女孩说："我妈妈订两份牛奶，她和弟弟每人喝一份，我和爸爸不能喝。"我瞠目结舌，不知道怎么回答，只好说："那是不是妈妈身体比较弱呢？生完弟弟不久，需要营养吧？"那个女孩摇摇头，说："我妈妈非常喜欢男孩，她说男孩可以传宗接代。阿姨，什么叫传宗接代？"

身边一群黑黑的小脑袋围着我，都是女孩子，我只觉得血管里开始烧起火苗来，很为那位妈妈的话感到无奈。我对这一群葡萄似的黑眼睛说："什么叫传宗接代？因为以前科学技术不够发达，中国是农业社会，所以男人干农活比较有力气，成为家庭财富的直接提供者，所以很多农村父母希望生个男孩子，长大了可以多干活多产粮食，他们就很自然地把自己的财产留给儿子，一来二去，女儿结婚后就被认为是嫁到别人家去了，儿子结婚再生儿子，就被认为这一家财产的理所当然的继承人。可是现在不一样了呀，现代社会种植都是机械化，男人女人都可以使用机器，每个家庭里爸爸妈妈都会有上班赚钱的机会和权力。每个孩子是来自爸爸和妈妈两方面合作生育出的宝贝，所以爸爸妈妈当然都会爱孩子啊，男孩女孩都可爱啊。"

女孩们点头同意，一个说："我是妈妈生的，妈妈的肚子上现在还能看到疤痕呢。"另一个说："我妈妈赚钱比爸爸还多，在我家是爸爸听妈妈的。"还有一个孩子说："可以这么说，我妈在我们家基本上手指头不弯，都是我和我爸爸干活，因为我爸爸不上班。"大家听了哈哈大笑。

最开始问我话的那个女孩说："阿姨，我能帮妈妈干很多活儿，你说妈妈会爱我吗？像爱弟弟一样爱我吗？"我心里觉得好酸楚，我对孩子说："做家务是大家的责任，爸爸妈妈，你和弟弟，都可以做点自己能做的，妈妈并不是必须做全部家务的人，是不是？至于爱，不管是男孩女孩，爸爸妈妈都会爱，也许他们现在对弟弟好像关心多一点，那是因为弟弟很小，还不能自己照顾自己啊，你很小的时候，家里没有弟弟，爸爸妈妈不是也这样照顾过你吗？你回家告诉妈妈爸爸，你爱他们，你也爱弟弟，告诉他们，你希望他们爱弟弟，同时也爱你，好不好？我们要和家人说说自己想要的，也许他们心里很爱你，可是忘了告诉你呢？"孩子点头答应，脸上露出笑容。

回家路上，我拉着女儿的手，问她："如果妈妈再生一个孩子，你希望是弟弟还是妹妹？"她马上回答："我要弟弟，因为我想看他的小鸡鸡什么样。"我一口老血喷出来，几乎笑死，其实我早就和她一起读过这方面的书了，也一起上网看过了孩子从受精卵到生产后的科学视频。我转移话题，问："你觉得妈妈会不会有了另一个孩子就不爱你了？或者说有了儿子就不爱女儿了？"女儿想了想说："妈妈你不会，你会永远爱我，最爱我，我很放心。"

　　我心里翻江倒海地感动，谢谢女儿这么信赖我，我当然无意再生孩子，也完全不接受"传宗接代"这样荒唐的理念。我当然知道在大城市里大部分家长对孩子已经没有性别偏见，可是依然在一些地方或一些个别人的心里埋着这样的偏见，伤害孩子的心灵和感情，也伤害自己的尊严。

　　随着二胎政策放开，我身边很多朋友也开心地准备再要一个孩子。我个人是主张生育自由的，愿意丁克的丁克，愿意生几个的生几个，谁生的谁负责养。但我像关心我女儿的心情一样关心每个家庭里"大宝"的心情，原本属于他的 100% 的爱要有人来分享了，家长有责任给大宝做好情绪疏导，并以一视同仁的爱养育每个孩子。

　　首先，在生育二宝之前，要先给孩子说说打算，为什么要生二宝，争取得到大宝的理解和支持。新闻报道有的孩子对父母生二胎非常反对，甚至以死相逼，然后看官们纷纷责备大宝自私，家庭教育失败，可是换到看官自己身上会怎么样呢？有几个心甘情愿把自己亲爱的爸爸妈妈给别人一半？说大话很容易，真做到不简单。何况对小孩子来说，妈妈的怀抱只有一个，此时此刻抱老二就不能抱老大，家里只剩一个苹果，分一半老大就没吃过瘾，这是很现实的事，完全可以理解大宝的担心和焦虑吧？家长可以跟大宝说："妈妈爱你是百分之百，爱弟弟也一样，而且，你从前没有弟弟的时候完全拥有爸爸妈妈的注意力，可是弟弟一出生就只能得到一部分的注意力，所以，老大，你并没有吃亏哦。"还可以说："你帮爸爸妈妈照顾弟弟，等弟弟大了还可以和你玩，是不是很有趣？"如果老大提出财产问题（有的孩子是这么"深谋远虑"的），家长可以这样回答："爸爸妈妈的财产要由我们自己处理，这个和你没关系，只有你一个，也不一定留给你，因为我们相信长大后的你会很有能力、很出色，完全可以生活得很好，完全不必依靠父母生活。我们的财产可能拿去旅行、办学校、搞宠物收养中心，也可能看情况留给子女一些，不一定，这不是你能决定的，所以，你也不必管这件事，好吗？"

其次，在生了二宝之后，依然要很重视大宝的心情和看法，别忘了经常赞扬大宝的努力和成绩。同时，留出时间专门陪大宝，哪怕每天只有十五分钟。有的大宝一看妈妈抱二宝就生气得很，其实只是想确认妈妈的爱还在不在，是不是还跟从前一样。妈妈可以悄悄告诉大宝："妈妈爱你比从前还要多了呢，因为看到你这么善良又温柔地对待弟弟，你是比弟弟还要宽容大方的孩子，妈妈怎么能不感动呢？"周末的时候，可以父母轮流陪孩子，上午爸爸陪大宝，下午妈妈陪大宝，或者全家一起出去游玩，爸爸推婴儿车，妈妈牵着大宝的手，专心地和大宝聊开心的事。

再次，让大宝参与照顾二宝，同时鼓励大宝给弟弟或妹妹做榜样。不要禁止大宝抱二宝，说"哎呀，别把弟弟摔着了"之类的话。在大宝听来就是，妈妈很关心二宝，都不管大宝心里是不是难过。妈妈可以教给大宝抱娃娃的正确方式，可以跟他说："哇，大宝这么爱妹妹啊，妹妹真要好好谢谢姐姐呢。妹妹还很

软，大宝可以这样做，让妹妹趴在你肩膀上，你用一只手搂住妹妹，另一只手托着妹妹，好不好？大宝做得好棒啊，真给妈妈帮了大忙呢！"

最后，就是建立一个健康的价值观氛围。和亲戚朋友约定好，对孩子一视同仁，尤其是孩子们的爷爷奶奶、外公外婆，嘱咐好不要在孩子们面前说什么"传宗接代"的话，也不要拿"分割爱"或"分割财产"的话题故意逗孩子，那一点也不好笑，以伤孩子的心为玩笑的玩笑，非常低级，非常无趣。在旁人夸奖二宝的时候，做父母的别忘了顺便夸夸大宝，而且要让大宝听到并相信，这是爸爸妈妈的真心话。

爱孩子，请记得，男孩女孩都是宝。如果生二宝，别忘了再给大宝多一点爱和赞扬。

十三

给孩子创造健康的生长环境

我们常说"近朱者赤，近墨者黑"，联想到孩子的成长，还会想到的一句俗话是"龙生龙，凤生凤，老鼠的儿子会打洞"。这话有一定的道理，归根结底说的是环境对人的影响，尤其是成长中的孩子。

每周五下午五点半，我要送孩子去跆拳道班上课，每节课60分钟。有一次半路上我们经过一个棋牌室，发现里面人声鼎沸，烟雾缭绕，两个七八岁的男孩子在沙发上玩耍，沙发前面的茶几上堆着书本和文具袋，看样子是在这里写作业。

其中一个孩子跑出来和我家孩子打招呼，原来他们是一个学校的同学，另一个孩子也追出来，嘻嘻哈哈地聊天。我问他们："放了学怎么不回家呢？棋牌室是你家的生意吗？"两个孩子都摇头，其中一个争着说："我爸我妈都在里面玩牌呢，我爸输得多，

我妈赢得多。"另一个孩子也说:"我们礼拜六礼拜天都在这,平时放了学也在这,旁边有饭馆,可以叫外卖吃。"我听了感觉很诧异,一时又不好多说什么,看看表跆拳道班快上课了,和两位小朋友挥手告别,他们又跑进棋牌室的烟雾中去了。

十年后会不会从这里走出两个赌神少年呢?我不知道。他们的父母爱不爱自己的孩子?听我家孩子说,第一个跑出来的男孩非常受宠爱,他妈妈很舍得给他买名牌衣服、鞋。那么,他的父母有没有想过把孩子整天放在棋牌室合适不合适呢?孟母三迁的故事听过没有?还是听过了也完全不以为然,乐得这样我行我素,也无所谓对孩子的影响?

约翰·华生是美国心理学家,著名的行为主义心理学的创始人。他认为人的行为完全是由环境造成的。他说:"请给我十几个健康而没有缺陷的婴儿,让我在我的特殊世界里教养,那么我可以担保,在这十几个婴儿中,我随便拿出一个,都可以训练成为任何一种专家——无论他的能力、嗜好、趋向、才能、职业及种族是怎样的,我都能把他训练成为一个医生或律师或艺术家或商界领袖,甚至也可以训练他成为一个乞丐或小偷。"

另一位美国著名心理学家阿尔伯特·班杜拉在 20 世纪 60 年代创立了现代社会学习理论,认为人的社会行为是通过观察学习获得的,即观察他人行为和模仿他人的榜样形成的。在这一社会学习的过程中,起决定性作用的是环境,人们只要控制了环境,就可促使儿童的社会行为朝着预期的方向发展。社会学习理论认为任何有机体观察学习的过程都是在个体、环境和行为三者相互作用下发生的，行为和环境是可以通过特定的组织而加以改变的，三者对于儿童行为塑造产生的影响取决于当时的环境和行为的性质。

健康的生长环境什么样的呢？

首先，家庭氛围是自由、开放、平等、互相尊重、互相支持、充满爱与关怀的。

无论家长之间，还是家长与子女之间，不说损害尊严与感情的话，不做破坏家庭和谐氛围的事，即便是意见不同，也尽量就事论事，理性处理，不要随意宣泄情绪垃圾，不要让消极思维方式和行为习惯破坏家庭成员的心情。积极主动地回应家人的需求、问题，共同面对困难，保持乐观的态度。

俗话说"家家有本难念的经"，外面看花团锦簇，内里各有各的烦恼。有的夫妻之间积怨很深，或冷战或热战，或唇枪舌剑或拳脚相加，可想而知孩子该多么担惊受怕。他是父母共同的孩子，割裂不掉任何一半，他的内心安全感很大程度上来自父母完整的爱和接纳。说到这，我自己颇有感触，我的父母恰好就属于这种情况，很长一段时间里我不愿意和同龄伙伴交往，不愿意带同学回家，因为不知道什么时候战火就烧起来了，会让我尴尬，在同学面前抬不起头。到稍微大一点的时候，我甚至很希望他们能干脆分开，那样起码还能过平静的日子，而不至于一直心惊胆战。当然，他们磕磕绊绊一辈子走了过来，这也算是相处模式的一种吧。但我在青春期前后对恋爱关系很焦虑，难以全心地去相信他人，直到学习了心理学，渐渐地自我调整，自我接纳，总算慢慢走了出来。所以，等我有了自己的家庭和孩子，我会格外地注意家庭氛围对孩子的影响，既然这是因爱而建立的家庭，那么就要让爱继续成为支持每个家庭成员的原动力。

有一次我们带孩子去动物园游玩，同行的还有另一个家庭。玩着玩着，不知道因为什么，那家的父母当众吵起来，孩子在一边吓得哇哇大哭。愤怒情绪正如火山喷发的两口子完全顾不上孩子，竟然在猴山旁边动手打起来了，我连忙将他们的孩子拉过来安慰，又连声劝慰打架的两口子赶快罢手，有问题自己回家去解决，不要在大庭广众下如此不堪，连猴山上的猴子都跑过来围观了，真让人哭笑不得。事后，那位妈妈还是义愤难平，边走边数落孩子的爸爸。我理解她愤怒的心情，但不清楚其中的原因，我最担心的是他们家那惊慌失措的孩子，连我家孩子也吓了一跳，躲到爸爸身后去了。

当着外人尚且如此，难以想象回到家他们是怎么相处的，斗气拌嘴恐怕是家常便饭。由此我也终于明白了，为什么他们家的孩子在和小朋友相处的时候总是喜欢拔尖，迫切希望得到更多人的肯定，尤其是大人的肯定，她表现得太努力、太强求，说话速度非常快，动不动就插嘴，说起话来没完没了，不管别人说什么她都习惯性地跟一句"我家也有"。孩子看上去很累，原来是因为她太缺乏安全感了。

其次，家庭生活内容的安排要富有情趣，丰富多样，适合孩子的身心特点。

把孩子周末两天都放在棋牌室观战的家长尤其需要反思了，如果你真爱你的孩子，请不要这样残忍霸道地剥夺孩子的童年欢乐。能不能带孩子去踏春赏花，爬山放风筝，游泳滑冰，去看场电影听个音乐会，到五湖四海或者就近郊区去走走看看？那是活蹦乱跳的孩子啊，就应该像马驹子一样在大自然里撒欢，享受美好生活和童年欢乐。就算你家庭条件很好，不指望孩子将来能有多么出色，但也不要禁锢在棋牌室的沙发上吧？另一种"很负责任"的父母选择给孩子报很多的辅导班，恨不得让孩子十八般武艺样样精通。可是，孩子没有自主的时间，家庭生活变成了吃饭、睡觉、写作业、看电视的无聊循环，孩子会爱这样的生活吗？会爱这样的家吗？长大之后会怎样安排自己的时间？又怎样与人相处呢？他没受过生活情趣的熏陶，如果有一天抑郁厌世，做父母的能不能意识到自己的责任呢？

在我家，放学之后通常是先自由一个多小时，好好聊聊天，问问一天的情况，一起吃点东西，收拾下阳台上的花草，或者抱抱肥肥的大花猫。然后六点开始写作业，晚饭后一起画画、弹琴、玩录音游戏、踢毽子，要么就下楼散步，顺便去姥姥家转一圈。周五晚上有一节跆拳道课，周六一整天和周日上午进行户外活动，游泳、爬山、写生、钓鱼、参观博物馆、看电影、和别的家庭组团出游等，周日下午休息休息，然后去上钢琴课和跳舞

课，不考级，只是学习，享受音乐、舞蹈的乐趣。寒暑假更不用说了，名山大川、五湖四海去游历，看课外书、交朋友、滑冰滑雪，等等。我会放下工作全身心投入，和孩子一起度过充实快乐的假期，而不是为陪伴而陪伴。

最后，家庭环境整洁、舒适、温馨、优美，充分考虑每个家庭成员的实际需要。

有个艺术家朋友，家里到处都堆着书籍、杂志、零食，随时去他家随时惊掉下巴，绿植上了床，要洗的衣服堆在地板一角，前一天的碗筷还放在桌子上，水池里泡着更早时候的碗筷，几个垃圾桶都被塞得满满的，沙发上散落着水果、睡衣、袜子。如果客人想落座，自己动手，扒拉出一小块空地坐下。最可叹的是，他家孩子就在这样的环境里跳着脚走来走去，找一本书，在柜子顶上，顺手一拉，掉下十几本，噼里啪啦，爸爸在一边还哈哈大笑。我认识的艺术家有几位，这位是最特立独行的"奇葩之王"。

有一次在路上遇到艺术家的孩子去上学，头发乱蓬蓬地随便一扎，穿着脏兮兮的校服，书包的拉链敞开着，里面是胡乱堆放的书本和东倒西歪的铅笔尺子。天呢，我不忍心看，又忍不住想多嘴，于是半开玩笑地说："波波，书包是你自己整理的吗?"孩子边跑边回答："反正都在里头!"唉，虽然这么大的孩子应该自己收拾书包了，可是显然，他身边的人没做什么榜样。艺术家不以为然地在电话里给我说笑话："我女儿的班主任说我家孩子穿得太邋遢，我没好意思反驳她。你说说，穿什么样跟学习有关系吗？学习跟人生成就有关系吗？"我只好说："大哥，你知道不知道橘生淮南为橘，生淮北则为枳？你知道不知道除了先天基因之外，对孩子最重要的影响就是原生家庭？你想想看，一个七八岁的女孩子每天这样乱七八糟地出现在班里，同学们会怎样看待？"艺术家沉默半晌，说："好吧。"

"好吧"是什么意思？后来我也听艺术家的孩子说起在学校里交不到朋友的苦恼，还有被老师不断批评时的沮丧。

无论房子大小，收拾得干净整洁并不难，只需要一点时间和耐心而已。家是我们心灵的归属地、爱的发源地，是我们汲取力量、休息放松的地方，而不应该仅仅是吃饭睡觉写作业的栖息地。

十四

少讲道理多做榜样

人是社会性动物，自出生开始就进入了社会化过程。

社会化是个体由自然人生长、发展为社会人的过程，是个体同他人交往，接受社会影响，学习掌握社会角色和行为规范，形成适应社会环境的人格、社会心理、行为方式和生活技能的过程。儿童及青少年时期的社会化是早期社会化，成年期的社会化是继续社会化。显而易见，早期社会化就像在白纸上画画一样，更需要谨慎小心，如果早期社会化埋下隐患，成年之后当然会表现出问题重重。

早期社会化中，对孩子来说，其社会化载体主要来自家庭、学校、大众传媒以及参照群体四个方面。其中家庭的作用尤为突出，家庭中的亲子关系，对儿童的心理和行为都有深远的影响。所以，作为家长，你是什么样，你的孩子跟你共同生活，他自然会在一定程度上学习你的行为方式、价值取向，而不仅仅是听你说了什么就去听话照做。一个不爱学习的人每天教育孩子要爱学习，就跟一个强盗教育孩子不要去抢劫一样荒谬，你让孩子不要做的，你自己就不要做；你希望孩子养成怎样的品质，麻烦你先展示这样的品质给孩子看。这不是说孩子要完全复制家长的能力和品性，而是为了一方面给孩子做出榜样，鼓励孩子迎难而上；另一方面是自我督促，家长一样需要继续社会化。离开学校后再也不学习的家长会渐渐地脱离这个时代，跟不上孩子的思维和脚步，成为活着的木乃伊，木乃伊又有什么权利教育孩子怎样生活，怎样追逐理想，实现自我？

个体社会化离不开语言。言传身教，言传是必要的。语言是沟通工具，能够交流信息、增进情感、融合关系，也就是说，家长要和孩子经常进行语言交流，要学会询问、倾听、建议。孩子在学习和运用语言的过程中，不断接纳着语言所传达的知识、规范、观念、审美和价值取向。美的语言、善的语言、真的语言，熏染出真善美的孩子，恶声恶气、粗暴严厉的语言则恰恰相反。家长对孩子讲道理本身没有错，孩子厌烦的是讲大道理，大道理就是天马行空不着边际的空话，孩子能接受的道理是站在他的立场，以他的眼光看世界，和实际生活相结合的切实的规律、规则。不讲道理的家长需要反省自己，家庭文化里没有讲道理的习惯，等你哪天心血来潮想跟孩子讲道理的时候，他会不耐烦，或者左耳进右耳出，完全当耳边风。

比言传更重要的是身教。根据心理学家皮亚杰的研究，孩子在八九岁的时候处于他律道德阶段向自律道德阶段的过渡时期，换言之，八九岁之前孩子容易接受家长给予的价值评价，爸爸妈妈说好，孩子也跟着说好。但之后进入到自律的阶段，孩子逐渐转变成受自己的主观价值支配，也就是说，家长说的孩子未必都全盘接受，除非他真正理解并认同了你的判断，并将此判断内化进自己的价值观体系。联系到孩子的早期社会化问题，我们可以这样理解，教养孩子，得让他"口服心服"，心服比口服更重要。你说了，他信了；你做的和说的不一致，他糊涂了；你说了，他信了，你说的和做的一致，他"口服心服"了，然后更容易接纳你的建议，内化成自己的行为方式和价值取向。

小狮子跟着妈妈学狩猎，小兔子跟着妈妈学打洞，有样学样，生活就是潜移默化的课堂和实验室。父母勤快，孩子也跟着勤快；母亲每天弹琴，孩子自然也很快学会弹琴；父母下了班吃完饭各自玩手机，怎么能指望孩子远离手机、iPad？你衣着整洁，孩子也学会整洁；你的房间乱成战场，孩子也难学会井井有条；你在每天看书学习，孩子也会跟着看书学习；你愿意做个坚强独立的母亲，孩子在你身上就会看到坚强独立的魅力；你待人真诚善意，孩子也会有样学样。

心理学家班杜拉的社会学习理论认为，个体通过观察他人行为及其强化结果，习得某些新的反应或矫正已有的某些行为。观察学习是一种示范性学习，是通过替代强化，以间接经验为基础的学习。引申到我们的家庭教育当中，观察学习是最主要的社会学习方式，也就是说，孩子在观察学习我们家长的行为。角马宝宝还没有被狮子咬过，可是它看到妈妈为了躲开狮子而撒腿狂奔，所以它下次遇到狮子也会赶快逃走。小鸭子第一次下水还搞不清楚要干啥，然后它看见鸭子妈妈捉到一条鱼吞了下去，哦，原来是要吃饭啊。

准备给孩子做榜样的父母，可以接着看完下面一段话。

你打算怎样做榜样？立即变身完美超人，从此过上"高大上"的励志生活吗？不要急，我们先从爱自己开始。是的，就是这么说，爱孩子，先爱自己。

当你自己陷入一团乱麻，情绪低落、睡眠不足、气急败坏、压力重重，你觉得孩子感受不到吗？如果你不能好好照顾自己、爱护自己，等于你在拆毁孩子头上的保护伞，你将他们置于风吹雨淋之中，他们将会因你的沮丧而沮丧，因你的焦虑而焦虑。当你被负面情绪淹没，心理健康严重受损，面对挫折难以承受，你又如何提供坚固的保护和持续的爱给孩子呢？

所以，请学会压力释放与情绪疏导，请尝试冷静下来梳理问题脉络，请安排好自己的时间和节奏，回到一个张弛有度的轨道上来，并适当地寻求社会支持系统的援助。你可以给自己留点小兴趣、小自在，瑜伽、散步、收藏、游泳、阅读、音乐、电影、摄影、绘画、书法，等等，哪怕每天只有十分钟的时间也好，在做自己喜欢的事情的时候，手机静音，给自己一个喘息机会，静静享受、静静休憩。也请奖励自己适当的礼物，美食、衣服、旅游等，让自己成为一个积极思考、积极行动的人，一方面给孩子做榜样，另一方面以充沛的精力和良好的精神面貌对待伴侣和孩子。

你成为一个爱自己的榜样，是做好一切榜样的开端。如果你爱自己，你会对自己的情绪和行为负责，不会怨天尤人，不会拖延着，不会放纵自己的坏习惯，不会任凭自己扮演苦情角色。你爱自己，你梳理了自己的心情、自己的生活，反省一下该做的不该做的，着急的不着急的，有意义的和无意义的，先给自己和家庭环境来个大清理、大扫除。然后，找一张白纸，在上面清清楚楚一笔一画地写下，你准备做出哪些改变。

1. 每天早晨不再睡懒觉，六点准时起床。

2. 当天的脏衣服、脏碗碟当天洗干净，搞好家庭卫生。

3. 每天上午下午各做半小时运动，瑜伽和慢跑。

4. 每天睡前听半小时英语广播。

5. 每周六上午和家人去散步或爬山。

6. 戒烟。

7. 不再说抱怨的话，凡事先想积极的一面，再想办法做得更好。

8. 每天下班回家，先给孩子和伴侣一个深深的拥抱，说你很想他们。

9. 每月全家去拜访一次孩子的祖父母，帮忙准备饭菜并打扫收拾。

10. 把手机微信里那些爱诉苦、爱抱怨的人设置成"不看他的朋友圈"。

11. 对有借钱不还习惯的人的再次请求说"不"！

12. 看电视不超过一个小时，且拒绝低智商节目。

好，继续，继续，写完了贴在书桌前的醒目位置，从今天就开始去做，可以先做两三件，逐渐增加，想象一个更好的自己，你所做的一切有双倍收获。第一，你将发现自己有多棒，你将更爱你自己；第二，你的孩子看到你的努力，他会以你为榜样，同时更爱你，也更爱他自己。

十五

认真倾听， 微笑注视

怎么？就这八个字，也要单独拿出来一篇说道说道？

是的，因为很多人做不到，或者没觉得这有多重要，可是，这是解决很多问题的重要一环，缺少了这一环，你说的是金玉良言也没用，因为，既然你都没有认真倾听孩子的心声，怎么知道孩子心里究竟是怎么想的？不抓住他所在意的、关心的，你在意的、关心的，他怎么会听得进去？

三岁之前，孩子的主要生活环境是家庭，三岁到六岁增加了另一个主要的生活环境——幼儿园，六岁之后进入学校，开始真正全方位地接受社会化，家庭依然是孩子重要的生活和教养环境，可是，他的交往范围扩大了许多，起码有三四十个小朋友和十几个老师成为了日常交往对象，而且，要保持六年之久。孩子从中会找到和自己关系更融洽的人做朋友，也会格外喜欢那些亲切幽默的老师，孩子的沟通对象和沟通内容都不再单纯地指向父母，如何继续和孩子保持高质量的沟通成为了家长要思考的问题，不要等到孩子进了青春期再幡然悔悟，那时候已经错过了好几年的沟通机会。

说话只是沟通方式之一，同样一件事情，不同的说话方式就有不同的收效，会直接影响谈话质量和目的达成。比如，孩子考试得了个70分，做家长的希望孩子能提高成绩，该怎么交谈呢？

首先，认真倾听。"今天学校数学测验了是吗？你考得怎么样？""发现有什么问题吗？需要我帮什么忙吗？""有没有错题？已经改完了吗？如果仿练的话应该会做吧？"不要针对分数，要针对问题本身做价值中立的提问，然后认真倾听孩子的回答，"考了70分""错题改完了""还有比我更少的呢""只有五个人上70分，考题很难"……无论孩子是满不在乎，还是自我辩护，都认真听完再说。听的过程中，一边收集信息，一边初步判断，一边考虑解决之道。

其次，微笑注视。家长的微笑让孩子心安，平复其激动的心情、焦躁的情绪，让孩子重新回到问题本身，而不必考虑如何应对"暴风雨"，让孩子看到家长的爱和关心，平心静气地接纳建议，解决问题。注视，代表理解和关注，也代表真诚的问询。等孩子自己给出下一步的计划，"我下次会更认真点""我把错题都仿练了""明天我去问问别的同学怎么做""这次太马虎了""准备得不太充分""解题思路跑偏了"……很多时候，孩子很清楚是非，也完全了解父母的期望，家长能给予理解，孩子会很开心，也会把解决问题看成自己的事，而不是应父母的要求做事，主动性自然更强。

是的，认真倾听，还得微笑注视，每个孩子最想看见的就是爸爸妈妈的微笑，那代表爸爸妈妈心情很好，情绪平稳，此刻很开心，代表他们在孩子面前是温柔和耐心的。注视，和语言一样重要，常说眼睛是心灵的窗户，进入彼此的视线，是相互打开心灵的窗户，邀请对方进来"坐坐"，希望对方和自己是平等的、友好的、温情的，互相理解包容和支持肯定的。和孩子说着话，你低头玩手机，等于在传递这样的信息——"你对我来说可有可无""手机和你差不多重要""我在认真看手机，同时敷衍你"……想想看，我们自己希望得到怎样的交流？你去朋友家做客、去找客户谈事情、去跟同事谈工作、去向伴侣倾诉心事，然后对方一直在玩手机，你会不会觉得自己被轻视，甚至很想冲上去砸烂那个"破玩意儿"？所以，我们和孩子交流的时候，坐下来，和孩子的眼睛平视，认真倾听，微笑注视，一心不二用，让孩子感受到你的专注和肯定，这个态度已经为沟通成功打下了很棒的基础，剩下的就是沟通的内容和方式了。

和孩子沟通，家长要先提升自己的情商，提高在与孩子的相处中换位思考、理解孩子的能力。倾听孩子的心声，站在孩子的立场思考孩子遇到的问题，给孩子提供适合孩子情况的建议，引导孩子自己思考并做出决定。

有一位妈妈当着别的家长的面发火，歇斯底里地命令孩子必须服从要求，乖乖回家去，完全不顾孩子当时非常想和朋友多玩一会儿的愿望。很聪明的孩子，性格上却表现得唯唯诺诺，连喜欢什么不喜欢什么都不敢表达，每当被提问的时候总是以"随便"作答，非常可怜。情绪不稳定的强势妈妈完全没有意识到，自己的简单粗暴对孩子来说是多么严重的伤害。

比较容易激动的家长需要多提醒自己，怒火攻心的时候立即住口，走到一边去背诗、哼歌、看书、做家务什么的，不要被情绪摆布，不要让情绪的洪水猛兽来伤害你和孩子的感情。发现自己有错的时候直接承认，当面道歉，求得孩子的谅解。这是一种平等的姿态，会让孩子觉得自己受到了尊重，同时看到家长的诚意。

那么，孩子不愿和你沟通怎么办？

先反思一下，孩子为什么不愿意和你沟通？你有没有说过让孩子感觉非常受挫的话呢？比如"你再不听话就给我滚出去""我对你一点信心都没有""你真是太让我失望了""傻子都比你强一百倍"等，你口不择言地畅快发泄的时候，有没有想到自己的行为正在一步步把孩子推得越来越遥远？如果你错了，你会不会主动向孩子道歉呢？你越逼问，孩子越沉默，可不可以稍微等一等再说？

选择恰当的时机。恰当的时机就是彼此心情都不错，环境美好而私密，温暖明亮又安静舒适的场所，比如书房、花园。时间充分，可以是睡前、饭后散步、周末下午茶时间等。

用轻松的话题作为开场白。不要单刀直入，"你们老师说你和小明格外好，怎么回事"，而要婉转一些，"今年在哪办生日聚会？你打算请多少人""我觉得小刚、小明、小强、小红、小兰都和你关系不错，是吧"

积极主动地表达想沟通的态度。比如，"妈妈想和你聊聊，怎么样？有空吗"。

从孩子感兴趣的话题说起。比如，"我今天收到一张马术俱乐部的邀请券，咱们哪天去玩玩吧？邀请券上说可以带四个人，你有没有朋友愿意一起去"。

认真倾听孩子的表达。温柔注视、微笑点头、目光接触、不插话、表示理解和关切。"好""是的，我明白""确实有道理"。

提出建议而非意见，将选择权交还给孩子，只做智囊、参谋、助手、善意好友。"你的看法是什么""我很理解你说的话，我的想法你要不要听听"。

帮孩子稳定情绪，梳理脉络，分清轻重缓急。"没事的，没关系，这样的事很多人都经历过""不用着急，慢慢来，办法都是人想出来的"。

批评或肯定，就事论事。不要扩大，态度真诚，情在先，理随后。"这件事就到此为止吧，吸取教训就行了""吃一堑长一智，也算是一种收获呢"。

最后，重申你的爱、支持、信任以及祝福。"好的，妈妈相信你""爸爸觉得你会处理好的""爸爸妈妈支持你的决定"。

十六

教育理念的坚持与进步

书店里很多教育亲子书，这说明关心孩子并且愿意通过学习找到方法的家长很多，无论如何，这对孩子来说是好消息，总比只生养不教育要好，而且这说明家长们愿意为孩子花时间花金钱，只要真的能对解决问题有帮助。可是，不得不说，图书种类繁多，内容各异，其中有些观点竟然大相径庭，这让很多家长一头雾水了，不知道该取信于哪一方，看来看去，哪一方都有道理啊，有像我这样主张温柔散养的，也有比较强势的"狼妈""虎爸"，有的说一定要给孩子立下规矩并坚决执行，否则孩子就会见缝插针地破坏规矩，也有的说要给孩子时间适应并预见到可能发生的反复，然后继续以积极的态度帮孩子学会尊重必要的规则。

我虽然写了不少关于养育孩子的文章，可是自认为至今仍然

和大多数家长一样，奔跑在学习如何做家长的路上。为什么要用"奔跑"呢？因为孩子在飞快地长大，每天都冒出新的想法，也经常会说出让我大跌眼镜的观点，所以，我不得不奔跑起来，跟上孩子的成长节奏，边学习边总结出一些个人观点来与同样忙碌且幸福的家长们分享交流。

想想对孩子的教养，我曾经有一小段时光也陷入了迷惘。那还是三年前孩子幼升小的时候，因为孩子上的是北京市一级甲等公立幼儿园，口碑一直很好，所以我也相信他们的教育理念和教育方式。当时幼儿园格外提醒我们家长，不要给孩子报什么校外辅导班，不要提前教任何小学一年级的知识，比如拼音和简单的加减法，我当然欣然地接受这个"轻松"的建议，那时我正在写作《好妈妈的快乐放养》和《懒妈散养学前娃》。

当年，九月孩子入学，到月底班主任就找我谈话，问是不是孩子之前没学过拼音，我老实回答是的。于是班主任很郑重地要求我，回家给孩子补课，"十一"放假回来要全班考试，检查汉语拼音。因为怕孩子过不了关难堪，我开始临时抱佛脚，帮孩子温习汉语拼音，声母、韵母、单韵母、复韵母、拼读规律等，两三天才算明白过来，又赶快找来汉语拼音故事书，和孩子一起读，每天读一个小时，用这样的方式熟悉汉语拼音，并抓住机会指点拼读规律。"十一"期间我又打印了两份试卷给孩子做了一下，最后总算过了关。

经此一事，我长了教训，如果想让孩子尽快适应新学科并有信心、有兴趣，家长不能完全撒手不管。好习惯的养成、学习兴趣的培养甚至学习方法的改进，都需要家长春风细雨式的跟进，等到三四年级基本上熟悉适应了各学科的节奏，也养成了基本的学习习惯，家长才可能渐渐地放手。

那么，像当初的我一样迷惘的家长，要如何面对教育理念的问题呢？

首先，学习是必要的，看多了自然会有所分辨和取舍。我们还是要多学习，通过看书、听讲座或任何适合自己的方式，了解教育规律、心理学知识以及新的资讯，切不可先入为主偏听偏信，盲目坚持一条道走到黑。对同一问题，哪怕听到了几种完全不同的意见，我们也会凭借自身知识的积累并结合自家的实际情况，做出初步的选择。

其次，符合心理学规律并结合自家孩子成长阶段特点的教育理念，应当在接受的同时内化为家庭文化。换言之，我们经过比较和选择而接纳了的教育理念，应当渐渐内化为家庭文化，家庭中的全体家长，爸爸妈妈，还有爷爷奶奶、外公外婆，最好都清楚该家庭文化的内容并齐心协力地贯彻实施，比如"我们家不给孩子喝碳酸饮料"，比如"全家戒烟"，比如"当孩子犯错，我们不可以动手打骂，只能采取讲道理、讲故事的办法去教育、沟通"，比如"我们不会无条件地满足孩子所有的物质要求，除非是合理且必要的东西"，比如"孩子也要做家务，做家务是每个家庭成员的责任，做家务也是爱家的表现"，等等。

　　再次，对不符合心理学规律或不适合自家孩子情况的教育观点，要再三权衡，做出取舍。尤其是没有结合心理学、教育学研究成果，仅仅是单纯个案举例得出的结论，可能有一定代表性，但是不等于适合所有人。比如有的孩子性格开朗，乐于接受挑战，家长选择攀岩运动来磨炼孩子的意志品质，可是有的孩子比较喜好安静，随遇而安，适应磨炼他意志品质的方式就未必是攀岩。以食物举例来说，你家孩子缺乏维生素，可以多吃富含维生素的猕猴桃和苹果；他家孩子不缺乏维生素，缺的是氨基酸，那就需要家长提供富含氨基酸的豆类和肉类食品。有的时候表现出类似的特征，可是深挖下去却有不同的成因，那么解决之道也应有所差异。比如，同样是孩子不愿和父母沟通的问题，有的情况是家长一贯严厉，独断专行，孩子渐渐失去了和父母沟通的欲望；也有的情况是孩子本身就不太喜欢语言表达，但他的肢体语言和行为方式一样在传递信息。对于第一种情况，首先要解决的是家庭环境与家庭文化中存在的问题，其次才是鼓励孩子和家长重新建立信任，展开对话。而对后一种情况，则需要家长去适应孩子的方式，同时多鼓励孩子增加语言交流的机会，对孩子不多的语言交流提出赞赏和肯定，同时注意不要给孩子消极暗示，比如"你很内向""你不善言辞""你和别人不一样"。

　　最后，对适合自己家情况的教育理念应坚持，并不断深化学习，结合实践，不能三天打鱼两天晒网。有的家长听风就是雨，缺乏主见，今天带着孩子跟风学钢琴，明天带着孩子跟风学奥数，后天看了篇鸡汤文又彻底大放手，没有稳定的教育理念支持，孩子被搞得晕头转向。听来的学来的先考虑下是否适合自己家孩子的情况，没有包治百病的良方。学习是必要的，学习之后还要结合具体情况，客观分析，不能热血上头四方冲杀，自己糊涂也耽误了孩子。

我认识一位冲动又动摇型的家长，一开始特别热情洋溢地向我声明，孩子学好外语非常有必要，功课完成不完成是小事，成绩好坏无所谓，只要每天坚持学习一个小时英语就行，雷打不动，就算今天外出活动非常累，或者孩子生病在家休息，也必须执行。另外，他还打算给孩子报名上万元的英语夏令营，学费数万的英语补习班，请一对一的外教，这位家长还非常真诚地请我也这样教孩子，信誓旦旦地说，孩子的收获会非常大。但我只说会考虑他的建议，并没有真的去参照执行。一年不到的时间，再次见到这位家长，问起他家孩子外语学得怎样了，他好像恍然大悟似的说："早就不学了，反正也不一定出国，孩子过得开心就行了。"我不了解发生了什么，让这位家长的态度发生了这样重大的转变，好似完全变了个人一样。而且，他家孩子之前学的跳舞、钢琴和画画也都同时停掉了，孩子的学习成绩也没有提高上去，彻底进入了"放羊"状态。我蛮担心这样上天入地的教育理念会对孩子造成不良影响，让孩子陷入思想混乱——"怎样面对学习困难""兴趣爱好要不要付出努力""要认真学习还是随便应付""完全无压力会不会真的快乐"。

而我们家对孩子的外语学习，没有那么强烈的硬性要求，而是采取弹性方式。首先是每天完成学校作业之后，听读英语课本五课和书后单词表，大约十分钟，然后做一份英语小卷子，五分钟。接着玩英语录音拼音游戏，十分钟左右，一共不超过半小时。如果生病了或者白天外出活动很累，就把决定权给孩子，让其自己决定是否要暂停一次。

兴趣班，采取的基本策略是先试课一两次，多鼓励，声明不考试不考级，然后孩子自己决定上哪个兴趣班。一般先报一个季度，学完之后依然兴趣满满再续费，如果兴趣点发生了转变，那就暂时放弃。一个学期的课外辅导班，一共不超过三个，目前是跳舞、跆拳道和钢琴。之前报过画画，现在变成自己在家画了。学校里另有种类繁多的课外班免费学习，一二年级报的乒乓球班，三年级报的合唱班，打算四年级换到花样跳绳班去。

对于内化成家庭文化的教育理念，不但要让全体家长知晓并执行，也要得到孩子的理解和接纳，不能采取霸王政策，说一不二。孩子理解之后，更有主动性，也更容易和家长就事论事地沟通。

现在，孩子渐渐大了，问的问题也比从前深入，家长们不妨多解释几句，让孩子的心和你更贴近吧。

十七

启蒙教育离不开爱与赞赏

家长对孩子要少说"不要",多说"我爱你""做得好"。

与其说很多句"不要喝可乐""不要喝酒""不要喝咖啡""不要喝茶",不如直接说"喝白开水身体棒";与其说"不要打架""不要骂人""不要抢人东西""不要说脏话",不如说"大家都很喜欢你,因为你非常懂礼貌"。

心理学中常用的求助者中心疗法建立在人本主义哲学基础之上。心理学家罗杰斯认为,人们是完全可以信赖的,他们有很大的潜能理解自己并解决自己的问题,换言之,他相信人有自我治愈能力。同时认为心理治疗的目的不仅仅是解决眼前问题,更主要的是支持人的成长过程,使他们能更好地解决他们不同阶段所面临的问题。那么,身为家长的我们,愿意不愿意相信孩子有潜能解决自己的问题呢?是否相信孩子有自我治愈的能力呢?如果孩子曾经为他人的价值评判所苦恼的话，我们能否帮助他逐渐摆脱对他人评判的敏感和在意，转而关注自己的内心呢？关注真正的自我价值和自我需求，探索真正的自我，才能逐渐变得更加自信和自在。自信心强大了，又能以比较自在的心态应对外界评判，那么相应的焦虑会减少，思维也更积极地转向发掘自身能力，提高自我价值，追求效率和品质，而非追求他人的认可。

家长在启蒙教育阶段，给孩子爱与赞赏，是因为孩子的道德发展水平要经历从他律到自律的过程。在孩子比较小的时候，也就是他律阶段，父母赞美的行为孩子会坚持下去，比如摔倒了自己站起来，自己的事情自己做，比如爱护小动物。父母摇头否定的行为，孩子会适可而止并明白那是不被接受的，比如随便抬手打人、动不动发脾气摔东西、张口骂人、说脏话。在父母的爱与赞赏中，孩子初步划定了一些自己的基本行为准则，如果父母能继续以类似于求助这种新疗法的心态给孩子提供持续的心理支持的话，孩子将渐渐地从他律道德阶段进入自律道德阶段，以更自信更内省的方式面对问题。换言之，他们将渐渐地对他人提供的评价标准做二次评估，别人说得对，他愿意接受的，他拿来所用；别人说的他认为不对的，不愿意接受的，则直接忽略，不会因为和他人的评价标准不一致而焦虑、自责、忐忑、矛盾。显然，这是比较成熟而理性的行为方式，也会使得内心比较有安全感。

我们希望孩子变得更加开放、自我协调能力强、自信、适应力强、懂得接纳变化，要怎么做呢？

以爱和赞赏为出发点，真诚理解、坦率交流、积极关注吧。

真诚理解，认真倾听孩子的诉说之后，表达理解、认同、支持。

孩子哭诉跑步比赛没拿到奖品，家长可以说："你拼命跑了，得到第七名的成绩，第七名没有奖品，妈妈奖励你一个大大的拥抱吧，你很棒，妈妈很为你骄傲，你真的尽力了，起码你参与了。跑步不可能都是第一名，各人的身体条件不一样嘛，如果妈妈参加的话，说不定跑个第八名呢。"

孩子说总是得不到回答问题的机会，家长可以说："你举手很多次，可是老师一次都没叫你，所以课堂加分机会就没得到，你有点失望，爸爸明白了，确实有点遗憾。不过呢，举手是为了说出自己知道的答案，你举手就说明你会了，老师肯定也看到了吧。再说，你学会了知识，本身就是收获，无论给不给课堂加分，你都比昨天的自己进步了呢，爸爸觉得你很厉害，每天都进步的人很了不起呀！"

"我知道了，体育课跑了六圈，你觉得很累""你的意思是小明课间和小亮玩，没有找你，你有点失望了""今天英语课回答问题得到了老师的表扬，真不错"……我们对孩子表达了真诚的理解，让孩子知道，老爸老妈是他的铁杆粉丝，他当然会重新感到自己力量满满的。要明白，家就是每个人出发的地方，就是爱的发源地。

　　坦率交流，真诚地表达关心，从询问心情开始。"今天在学校开心吗？""有什么有趣的事发生吗？""体育课做了什么游戏？""美术课画的什么？给我看看你的作品可以吗？""今天跑操冷不冷？""中午吃的什么菜？你喜欢吃吗？"不要只问功课和成绩，好像除此之外你都不关心，让孩子疑惑"你到底爱我还是爱我的分数"。

　　你关心的是孩子的心情，孩子发现自己是被尊重的、被爱的，无论什么想法什么话都可以简单直接地说出来，这就是被无条件爱和接纳的幸福。坦率是最有效率的态度，亲人之间更不要玩"猜猜猜"的游戏。"妈妈很希望得到你的原谅，是妈妈没有调查清楚，就误会你了，请你不要再生妈妈的气了好不好？""爸爸不该乱发脾气，下次我会注意的，有事说事，说完就完，是我自己没克制住，对不起了宝贝！"这样态度的家长值得奖励个大红花，然后还会得到比大红花更棒的回报，那就是孩子的真诚坦率。"妈妈，我好喜欢小红，我觉得她是个聪明善良的女孩子""爸爸，我们班很多男生都藏到厕所里抽烟，他们还让我也抽，我不抽就说我不是男子汉，是娘娘腔，气死人了"——看到没？孩子之所以敢于坦率地说自己想的和经历的，是因为他知道坦率交流是这家的传统，是家庭文化，自己是被关心和接纳的，那么接下来，家长就可以顺势回应了。"是吗？哪个小红？大眼睛长头发那个？来过咱们家说喜欢猫咪的那个？真的哎，确实不错，还挺漂亮的。""抽烟啊？爸爸像你这么大的时候也偷偷地抽过烟呢，呛得直流眼泪。如果他们说你不敢抽烟是娘娘腔，你就说，咱们把各自的爸爸都叫来，看看谁敢当着爸爸的面抽。我就敢！好不好玩？老爸帮你打败他们！谁都知道吸烟危害健康，明知是错还非要做，那不是勇敢，是蠢，好比比赛吃屎壳郎，是不是很幼稚？你觉得呢？"

积极关注，将视角转换到积极轨道上来。事情往往有两面性，你看正面还是反面，取决于所站的位置和角度。这样的例子其实不胜枚举，半瓶水的故事众人皆知，积极的人很开心，因为还有半瓶水可以喝，消极的人很悲观，因为只剩下半瓶水了。家长经常有意识地以积极视角看问题，孩子也会逐渐习惯积极的思维方式和行为方式。比如家长可以说："体育课确实很累，消耗了很多热量，这样吃晚餐会特别有胃口吧？""小明课间没找你玩，明天你主动找他玩好不好？准备一个小魔术，教给小明和小亮好吗？""你得到了英语老师的表扬，是因为你课下付出了很多努力呀，看吧，功夫不负有心人，咱们要继续加油哦！""跑操很冷？是啊，气温在零下呢。是不是跑一会儿就暖和了？然后跑完了感觉特别畅快？"

家长在孩子的养成初期播种下爱与赞赏的种子，孩子在成年之后会变成郁郁葱葱健康坚强的大树。然后，结出幸福满满的果实，再把爱与赞赏的种子代代相传。

十八

怎样做好家校沟通

孩子有很大一部分时间是在学校生活、学习，而在学校里，首先影响学习生活质量与心情的关键因素就是老师，家长和学校积极沟通，形成合力，共同让孩子的学习生活更健康快乐非常重要。那么，怎样与学校、与老师做好沟通呢？

一、当老师打来"告状"电话

孩子是咱们自己家的孩子，每家通常一两个，顶多三个孩子，家长往往还觉得力不从心，按下葫芦起了瓢，需要很多的耐心和精力投入。可想而知，在学校里，一个老师要面对几十个孩子，有阶段性的教育任务，也有按部就班的教学进度，有学校里的日常工作，也有班里杂七杂八的大小事务，力不从心在所难免。尤其是有的孩子身上出现的问题，不是老师一人简单地说几句就能改变的，需要家长参与。所以，当老师打来"告状"电话，家长先不要火冒三丈，不要觉得"我已经把孩子交给学校，怎么大事小事还要找我"。有的家长对老师很信赖，说："您看他不对您随便打，我们家长绝不护短。"实际上，这是不可能的，哪个有教养有素质的老师会随便动手打学生呢？打人本身就是侵犯人权的行为，何况是为人师表的老师，更不能如此简单粗暴地处理问题。

接起老师的电话，听老师说孩子的问题，也许老师的语气是急迫的或者带着点不耐烦情绪的或者是有些生气的，家长可以先安抚一下老师，肯定老师负责任的态度，比如说："好的，我听明白了，谢谢您，张老师，百忙中特意打电话告诉我这些，我会和孩子爸爸好好商量一下，看看怎么处理这个问题。谢谢您多费心了，您说的做的都是希望孩子好，我完全理解您，改天一定当面致谢，孩子遇到您这么负责任的老师，我们家长很放心，一定配合学校的工作，有什么我们能做的，您尽管说，我们会尽力而为的。"

放下老师的电话，家长也会觉得有点沮丧吧，毕竟是自己的孩子出了事，不是惹了什么祸，就是成绩下滑了；不是和同学打架了，就是上课不遵守纪律了……一方面让家长被老师"电话开会"，另一方面也让家长觉得自己为孩子操了很多心，孩子却这么不让人"省心"，丢家长的"面子"，自然让人高兴不起来。可是，这个时候，我们要做的并不是立即站在老师那边，对孩子严加管教，而是等孩子放学回来，稍微休息之后，来一场心平气和且推心置腹的谈话，听听孩子怎么说，给孩子用语言梳理自己想法的机会。

我们可以说："今天在学校怎么样？上体育课了吗？玩了什么游戏？打球还是跑步？好玩吗？""今天早晨是你做值日吧？没迟到吧？你负责什么？扫地还是擦桌子？累不累？时间够用吗？"我们先说点日常放学回来经常沟通的话，让孩子放松心情。也是在等孩子自觉地说起当天发生的事情，看他会不会主动说起老师在电话里说的事。如果他自己提了，我们先不忙着说老师的看法，家长可以采取中立态度，评判一下孩子和老师的话，相符合的是哪部分，相异在哪部分，然后再提出不带任何倾向的有针对性的问题。比如"你和小明在上课的时候动手打架了，他撕了你的书，然后你打了他一耳光，老师训斥了你们，还把你俩叫到办公室去站着了，是吧？那他为什么会撕你的书呢？是什么原因导致他这样做的呢""哦，好的，他以为你课间说大胖子的故事是在影射他，他觉得受到了羞辱，所以争吵起来，上了课依然在小声吵，结果情绪失控，他就把你的书撕了，是这样吗"

听孩子说完前因后果，我们要站在中间立场上进行谈话，否则很难进行下去。有的家长可能会说："他撕你的书，你不会站起来告诉老师？你打人，打坏了怎么办？让我给人家看病去？花几万，值不值？"这里有很多逻辑问题，说着说着就偏离了核心问题，变成"打人后果是家长赔钱，不合算"，难道不用赔钱就可以打人吗？难道打不坏就可以随便动手打吗？而且，家长很"理性"地指出应该"告诉老师"，可是当时的情况下，能如此"理性"的人并不多，更不要说是孩子，孩子恰恰是因为很在乎自己的书，才会在情绪激动之下抬手打人，这里面家长要用点同理心，既理解另一方误以为自己被羞辱的愤怒，也理解自己孩子被人冤枉又被人撕书该多生气。家长站在孩子立场上表示对孩子心情的理解，但是不认同其处理方式，孩子就会放下一半的戒心，尝试去反思自己的行为不当之处。家长又站在另一方孩子的立场上，说明那个孩子以为自己的尊严受到侵犯，以为自己被人嘲弄，他很在意自己的尊严，这是可以理解的事，让自己孩子也尝试换位思考一下。这样，帮孩子反思整件事情的核心是起源于误会，下次遇到同类事情，先真诚地解释清楚就可能避免一场无谓的矛盾冲突。回过头来，帮孩子认识到，课堂上的冲突，无论如何，是影响了全班同学的学习，打乱了老师的教学进程，应该向老师和同学们道歉。至于两个人都被拉到办公室站着，可以让孩子理解为"这不是惩罚，而是让你们俩冷静冷静，避免在教室里继续吵下去"。如果老师在批评两个孩子的时候说了一些"重话"，可以让孩子从理解老师的初衷的角度去看待，然后改天去学校向老师问个明白，感谢老师的教育，并承诺不再发生同样的事。

大约一周之后，家长应主动拜访老师或打电话给老师了解一下事情的后续处理，并再次感谢老师的管理、教育。老师当然愿意和通情达理又关心孩子表现的家长沟通，这对孩子在学校的处境也是有利的，老师会比较放心地进行教育教学工作，有什么事，心无挂碍地和家长畅谈。相反，如果家长很粗暴地责打了自己的孩子，老师也会担心这样对孩子的身心健康不利，下次有事也不敢跟家长说了。或者家长格外听信自己孩子的一面之词，一味袒护，把矛头指向对方或老师，老师觉得这样的家长护子心切却不讲道理，那么以后对您的孩子不如就敬而远之，多一事不如少一事，这样的结果是孩子的心理偏差没有得到纠正，家长视而不见，老师明哲保身，孩子却在行为偏差的路上越走越远。

二、当孩子回来"控诉"

有时候，孩子回来向家长"控诉"某个老师的问题或者学校的某个问题。家长不要先入为主地认为"孩子说的都是对的"或者"学校的事轮不到孩子说"，不要觉得"学好自己的就行了，别的事少管"，因为孩子每天在学校里生活学习，切身关系到自己的利益和心情，他当然很难做到老僧入定一般的"事不关己"。

我们先要耐心地倾听孩子的表述，不带价值偏见地做个基本了解与初步判断。比如孩子回来说："张老师上课发火了，因为小明总是搞小动作，然后张老师把他从座位上拉起来，脚不沾地地拖到教室门外，还把他的书包和文具一股脑儿丢到了地上，让小明滚回家去，打电话让他爸爸来领走他。"我们不要说"不关你的事，管好你自己就行了"，因为孩子之间是有同理心的，他能把这件事情回家和父母说，就说明他对这件事情是有触动的，有自己的看法或者是引起了他的思考。家长怎么能断然否决孩子自己的想法呢？我们可以静静地听完，然后先问问孩子的看法。"你是怎么认为的呢？你对这件事情有什么看法？如果你是张老师，你会怎么做？如果你是小明，你会怎么做？如果你是小明的父亲，你会怎么做？"这些问题的提出都有各自的意义，在孩子的回答里我们能听到孩子的价值取舍以及原因，这是我们了解孩子的好机会，只有充分了解了孩子的看法和价值取舍，我们才能有的放矢地改进对孩子的管教方案。

比如孩子说："我觉得张老师太凶了，很可怕，小明很可怜。如果我是张老师，就批评批评算了；如果我是小明，我不会上课违反纪律的；如果我是小明的爸爸，没准回家揍他一顿，因为他爸爸本来就很凶，听说以前就经常揍他。"

这时，我们就可以针对孩子的回答进一步讨论。"张老师确实有点情绪失控了，无论如何把学生的东西当着同学的面丢出去，会伤害小明的自尊心吧。他可以先让小明做某件事情，让他集中精神，不再影响别人上课，然后课下私下里和小明单独谈话，哪怕找家长一起想办法。""你说你不会像小明那样在课堂上违反纪律，这很好，说明你有自我约束的意识，可是万一犯了什么错被老师批评，那就要立即道歉，别一言不发等着被老师抓起来丢出去，好不好？只要学生认识到自己的问题并愿意改正，一般老师也不会继续纠缠不休吧？""小明的爸爸经常揍小明，可是

小明还是照样犯同样的错，可见小明爸爸的管教方式是有问题的。如果他对小明多点尊重和鼓励，会不会更好一些呢？如果你是小明，你希望爸爸怎样对待你？是二话不说打一顿，还是讲道理，多支持呢？"

三、当老师行为不当

人非圣贤，孰能无过。老师也是普通人，要面对很多学生和日常工作，言行不当的情况也可能发生。遇到这样的情况，怎么办？是像鸵鸟一样把头藏起来装没看见，还是针锋相对？是一对一地充分沟通，还是找到学校领导评判是非？

首先，要看行为不当是怎样的"不当"。如果是态度过于严厉或言辞刻薄或处事不够公正，那么尽量采取积极沟通、一对一谈话的方式，能在小范围内处理的问题就不扩大范围。和老师的沟通，可以讲究一下技巧，比如"张老师您好，孩子听写错误被罚抄一百遍，我理解您的愿望是让孩子把问题彻底解决了，您看，我给孩子重新听写了，他已经都会了，那一百遍就不用抄写了吧？以后我们家长也会多督促孩子复习功课，减少错误率，您看行吗？谢谢您费心管教，咱们的心都是一样的，都是为了孩子好"。如果老师坚持抄写一百遍，或者言辞讥讽——"哎哟，别人都老老实实抄写了，您家孩子特殊，这让我怎么教育？您这么护孩子，以后我就不管了，您自己看着办吧"。家长可以回答说："好的，谢谢您，您的意思我明白了，您希望孩子们得到一样的待遇，我理解您的立场。我想同样一小时的学习时间，用十分钟解决错题，剩下五十分钟还能复习和预习功课，这样的学习效果会更好些。如果一个小时不干别的，只罚抄，当天的错字是解决了，可是就没有时间充分复习和预习了，明天测验错误会更多，那不是更耽误老师的教学进度吗？还是谢谢您的理解，今天我们就不抄这一百遍了，以后一定认真复习和预习，谢谢您。"

上述表达，一是建议了更好的方式，二是坚持抵制了不良处罚行为，三是反复感谢了老师的工作，以温和而理性的态度表达了家长的想法。这种情况下，老师一般就不会再坚持自己原本就欠妥当的惩罚方式了。

其次，如果老师坚持自己的不当行为，或者不当行为已经给孩子造成了比较严重的不良影响，那么家长应当采取进一步的理性行动，找学校领导寻求解决。比如老师过于粗暴的惩罚方式、打骂学生的行为、不讲道理的羞辱斥责，让孩子产生了严重的抵触情绪甚至身心障碍，而经过家长的主动沟通之后老师依然如故，那么为了保护孩子的合法权益和身心健康，家长有责任站出来抵御不当行为对孩子的伤害。在和学校领导的沟通过程中，注意实事求是，就事论事，不搞情绪化和扩大化。有必要的情况下，可以申请换老师，可以联合多位有相同诉求的家长一起参与和学校领导的沟通，更充分更全面地反映实际情况。

最后，如果老师的某些行为已经涉及违法，比如勒索财物、性骚扰等，家长要坚定地维护孩子的权益，向学校领导和当地教育主管部门反映情况的同时，及时报警，收集相关证据和证人证言，为进一步诉诸法律做好充分准备。不要为了息事宁人而忍气吞声，这样不仅伤害了孩子，也放纵了不当行为继续侵害更多人。

四、关于送礼

中国是人情社会，自古以来讲究尊师重道。学生向老师表达谢意和敬意本来是很正常的事，可是最近几年，家长们在纠结的不是尊师谢师的问题，而是纠结是不是靠给老师送礼来让孩子获得更多"照顾"的问题。

靠送礼谋求孩子"被照顾"，本身就是对教师职业的羞辱。难道老师是周扒皮？会利欲熏心地以哪个家长送礼多来决定对哪个孩子格外好？这样的老师还有一点起码的自尊心和师德教养吗？我自己也在教师岗位上工作过，深深理解家长爱子心切，可是我身边的同事，大部分老师，都是出于基本的职业教养在教书育人，都是发自内心地希望孩子健康成长，学习进步，将来有好的发展。老师也是寻常人，也有自己的天然偏好，有的老师喜欢诚实厚道的孩子，有的老师喜欢活泼伶俐的孩子，当然大部分老师都喜欢学习认真、团结同学、遵守纪律的孩子，这让老师的工作进展顺利，省心不少。可是，如果孩子身上问题多多，家长靠送礼来封老师的嘴，老师不管这孩子了，放纵了孩子，其实终究是害了孩子。老师如果继续管这个孩子，家长会觉得老师不近人情，怎么前脚收礼后脚翻脸呢？所以，家长不要用送礼的方式来谋求老师对孩子的格外厚待，这只能对老师的工作产生消极影响，对孩子的影响也很不好。

另外，出于谢意和敬意的"送礼"，不是不可以，而要控制价格和形式，比如孩子自己画的贺卡、做的手工，比如一盆绿植，礼轻情意重，让老师感到自己是被尊重被理解的，这当然会促进老师的积极性，也会融合家长、老师和学生之间的情感关系。家长可以向孩子说明，送给老师的小礼物是表达谢意的，让孩子理解并参与这一活动，这也是培养孩子感恩之心的一种方式。

爱孩子，就请家长积极做好家校沟通，让孩子在学校里健康快乐地生活学习吧。

十九

建立积极的亲子关系

建立积极的亲子关系，做孩子的"心理咨询师"。

孩子是第一次做孩子，很多家长也是第一次做家长，即使已经有了两三个孩子的家长也会发现不同的孩子需要不同的应对方式。所以，孩子需要学习，需要社会化，而家长又何尝不是呢？爱孩子并且爱思考、爱学习的家长是孩子的福音，那么，我们不妨借鉴一些心理咨询的方式方法，来为孩子提供心理援助。

不用担心，不是多么神秘的魔法，也不需要很高深的专业积淀，这些已经为心理学界所普遍认同的基本方式，是可以拿来所用的半成品，我们结合自己孩子的实际情况来应用，会取得意想不到的效果。

家长要想为孩子提供必要的心理支持，和心理咨询师一样，首先要和被求助者（也就是孩子）之间建立良好的咨询关系，在家庭中，也就是要建立积极的亲子关系。

国内外的心理咨询专家都强调尊重、热情、真诚、共情和积极关注等咨询态度的重要性。那么，作为家长，我们一样要做到这几点，才能和孩子建立并维系良好的关系。良好的开端是成功的一半，而良好的关系则在整个教育及养成过程中至关重要。

尊重，是把孩子当成一个完整而独立的个体对待，和孩子站在平等的位置上，认真看待孩子的情感、内心体验、人格尊严，让孩子感到自己是被无条件接纳的，从而激发孩子的自尊心和自信心，使孩子的潜能被不断发掘、释放。简单概括来说，尊重孩子需要对孩子完整接纳、以礼相待、保持信任、保护隐私、态度真诚。

完整接纳，换言之，我们关注的不能仅仅是问题本身，而要探索问题背后的原因。比如孩子很喜欢某位异性同学，希望和他成为独一无二的男女朋友关系，甚至为此着急得寝食难安。家长怎么办？找老师换座位，让俩人离得远远的？找对方的家长，各自严格看管孩子？训斥孩子没羞没臊？讲讲不该早恋的大道理？打住！完整接纳，默念三遍，哪怕心里很着急、很火大，也请暂时放下情绪，回到问题本身来。"好，你的意思是特别喜欢那位同学，他体育好，个子高，长得也帅。听上去确实不错，大家都喜欢和他做朋友吧？""妈妈上学的时候也很喜欢班里的体育委员哦？每次男生篮球赛，我都会跑去当拉拉队长，尤其爱看那位帅哥三步上篮的样子，真的好崇拜呢！"当孩子感到自己是被完整接纳而非挑刺指责的时候，才会继续拿你当知心姐姐一样倾诉，才听得进去你的建议。

以礼相待，很多家长觉得对待自己的孩子不必客气，否则不成外人了？不是的，家庭是孩子的第一养成环境，家庭成员之间的以礼相待就是给孩子做了好的示范，这样孩子对外交往才会很自然地以礼相待。有的熊孩子在家里没大没小惯了，在外面对别人态度嚣张，这当然不是家长本意，可是就是因为家庭内外有别的教养方式才让自己的亲爱宝贝变成别人眼里的熊孩子。对孩子以礼相待，孩子会感到自己被尊重，同样也会对家长以礼相待，而不会动不动就很粗暴地说"你管不着"。

热情，是营造如沐春风的亲切感，避免冷冰冰的、压抑沉闷的氛围，也避免过分热情导致的如坐针毡。热情是自然而然的，是温暖的态度，表现在用适当的询问表达关切、专注倾听和耐心、认真、不厌其烦。

用适当的询问表达关切，比如"这件事让你觉得很委屈是吗？你拿她当朋友，她却在背后说你的坏话""虽然这件事她做得不对，可你还是很希望和她做朋友是吗"，小结一下孩子的谈话内容，帮忙梳理一下情绪，以温暖的态度让孩子得到安慰，为进一步的沟通营造好轻松的氛围。

春天是万物生长的季节，种子钻出泥土，因为温度最恰当，不像寒冬一样冰冷，也不像盛夏一样炎热，有和煦的风传播花粉，有温暖的阳光雨露滋润呵护。孩子的心灵也一样，需要家长提供春天一般的初步养成的环境，等到足够苗壮的时候，自然能去面对炎热和寒冷。

真诚，是人与人之间交往的黄金钥匙，也是家长与孩子沟通的基本态度。真诚是不戴面具，以真面目相对，言行一致，表里如一。举例而言，你不能告诉孩子吸烟危害健康，然后你照旧吞云吐雾。您不能告诉孩子，好好学习，然后你自己从来不学习，业余时间都是打牌喝酒。家长真诚地对待孩子，孩子会报以真诚，家长心口不一敷衍塞责，孩子也就渐渐地不想和家长说心里话了，因为得不到真诚的回应。真诚不等于立即实话实说，不等于自我发泄，真诚需要实事求是，同时表达适度。

为什么真诚不是立即实话实说？因为要给孩子一个缓冲和理解的过程，为了达成最终的教育目的，话到嘴边留半句。孩子的观点未必都是对的，直截了当的批评会让孩子的情绪一下转到"自我价值保护"上去了，反而忽略了反思自己观点到底对不对。比如，孩子没经过好朋友同意，玩坏了人家心爱的转笔刀，闹得很不愉快，回来之后振振有词地说："不就一个转笔刀吗？至于翻脸吗？还好朋友呢！"家长不能立即说："你没经过别人的同意拿别人的东西就是你不对，给人家弄坏了还不道歉，还怪人家翻脸？你怎么这么不明事理？"可以换种说法："如果是好朋友没经过你同意就玩你心爱的迪士尼手表，弄坏了又不道歉，你会生气吗？还是觉得无所谓呢？"

真诚也不是自我发泄，家长不能说我要真诚地向孩子表达愤怒和不满，也不能在和孩子的谈话中忽然跑题诉说自己多么辛苦不容易，这样会把孩子对自身问题的反思破坏掉，转而变成对父母的愧疚和自我问责，谈话失去了方向，也就以失败而告终了。比如孩子在学校偷拿了同学的东西，老师要求家长管教。家长边斥责孩子边唠叨自己用心良苦啦、工作艰辛啦、身体不好啦，一点意义也没有，孩子只是沉默着应付，恨不得赶紧逃离当下环境，哪还会反思自己的问题？

真诚需要实事求是，并且表达适度。家长不要因为担心自己的权威形象受损而不懂装懂，对自己无法解答的问题，可以实事求是地告诉孩子，然后一起寻找答案。比如孩子很生气地说："长江的长度明明是 5400 千米，老师凭什么给我判错？"家长也不知道长江究竟多少千米，好，一起查资料去。如果孩子做得对，就让孩子自己去和老师沟通，说不定是老师粗心了。如果是孩子错了，就改成正确的数字就行了。换到其他问题上也一样，家长能以实事求是的态度对孩子，孩子也会以实事求是的态度对自己，知之为知之，不知为不知，知和不知都是正常的，就事论事，而不必衍生成情绪困扰。

共情，可以理解为体验别人内心世界的能力。我们看一部悲剧电影，会在大屏幕前伤心落泪，剧中人的经历并未发生在观众身上，可是我们很自觉地在看的过程中角色带入了，我们悲角色之所悲，喜角色之所喜，仿佛身临其境，这也正是电影的魅力之一。在和孩子的沟通过程中，家长可以有很多方式共情，共情的意义在于让孩子感到自己被理解，促进孩子的自我表达和自我探索。常用的共情方式包括换位思考、语言求证、肢体表达、传达共情，同时家长不能忘记从共情中适时抽离，以便于将谈话引导向目的本身。

换位思考，就是以孩子的眼界和心态看问题，而不是居高临下、置身事外。比如孩子被另一群孩子所排斥，家长不能说"他们不和你玩就算了，有什么了不起的？你不会找别人玩去？这点小事至于哭吗"或者"他打你你就哭？你不会打他？你没长手啊？你傻啊"，换位思考则可以这样说"我要是你的话也会有点难过的吧，昨天还一起玩得好好的，小明凭什么不让他们和你玩呢"或"爸爸很明白你的感受，他明明和你是朋友的，怎么还动手打你呢？有话可以好好说的呀"。你成了孩子的知音，孩子当然愿意和你说下去，也愿意听听你的建议了。

语言求证就是帮孩子梳理情绪——"你是觉得伤心还是恼火呢？你觉得咱们该怎么办呢？有什么需要我帮忙的吗""你现在很想揍小明一顿？特别生气是不是？要不要先吃根雪糕冷静一下"。

在表达共情的过程中，可以给孩子拥抱，大一点的孩子可以拍拍肩膀、撞撞拳头、顶顶脑门、握握手等，有时候一个拥抱胜过千言万语。

共情是必要的，家长同时要注意别陷进去自己出不来了，孩子生气，你比孩子还要生气，孩子难过，你比孩子还要难过，这就背离了最终目的，别忘了，我们是来给孩子提供心理帮助的，是帮孩子稳定情绪、处理问题、改变行为方式的，是为了将孩子引导向积极的思想和行为轨道的。

曾经看过一则让人哭笑不得的新闻，两个妈妈带着各自的孩子在食堂排队打饭，因为孩子之间不小心的摩擦碰撞，两个妈妈竟然在大庭广众之下动手撕扯起来了，反而是孩子们上前拉架，劝各自的妈妈冷静下来别动手。都是亲妈呀，生怕自己孩子受屈，可是这样真的好吗？如果孩子们也跟着开战了，爸爸们也跑来对垒，结果会变成什么样？几个进医院，剩下的去派出所？所以，家长的情绪管理方式会在一定程度上传递给孩子，我们要和孩子共情，但也别忘了适时抽身，以便回归理性思维。

积极关注，即对孩子言行的积极面予以关注，从而使其拥有正向价值观。比如勤劳和懒惰，真诚和虚伪，善良和残忍。人性是复杂的，孩子在养成过程中接纳到的信心可能也是多角度的，然后导致了一些不同的行为方式，自然，有比较积极健康的，也会有比较消极或偏差的。家长更多地关注积极面、肯定积极面，就好像太阳照耀向日葵一样，孩子会自觉跟随家长的"阳光"。阳光照射充分的一面，枝繁叶茂，花朵鲜艳，果实甘甜；缺乏阳光则会叶疏花稀，果实青涩。对教养孩子来说，成长没有第二次，成长是不可逆的，如何关注孩子言行的积极面呢？我们可以从几方面入手，抱有积极信念，避免盲目乐观，反对过分消极以及立足实事求是。

抱有积极信念就是始终要相信孩子的潜力和能力，相信改变会发生，并且会向着好的方向发生。要传递这种信念给孩子，比如"每个人都有自己的优点哦""只要加强锻炼，身体会越来越好的""聚沙成塔，总会有更多的收获""我相信你"。

避免盲目乐观，就是不要因为积极关注就忽视了客观条件，也不要许下不切实际的愿望，比如"妈妈相信你下次一定能拿第一名""妈妈相信你一定会成功的""总有一天你会站到维也纳音乐大厅去演唱"，这些话听上去是积极鼓励，其实是增添压力，如果拿不到第一名怎么办？没有成功怎么办？去不了维也纳怎么办？是不是就是失败了呢？会不会就让家长失望了呢？家长可以鼓励孩子的努力，但不要以"最终成就"作为"期许标准"。登山的过程就是生活的乐趣，沿途的风景就是人生的风光，至于山顶有多高，能不能登顶，那是孩子成年之后自己去考虑的事。

反对过分消极，就是不要往孩子心里扔石头，不要以为把问题说得越严重就越能引起孩子的重视。比如"这样下去你就完了，肯定考不上大学""考不上大学你就完了，一辈子抬不起头""再这么贪玩你就废了，年级倒数第一指日可待"。即便情况确实不乐观，家长也要给孩子一点希望，"眼前这点困难算是一次人生考验吧，咱们一起想办法好吗""你放松心态、认真对待就好了，至于结果，不用太强求，爸爸理解你的"。

立足实事求是则是充分考虑客观因素，不无中生有，也不盲目扩大，更不消极打击。帮孩子客观分析问题，分析得失利弊，一起探讨解决之道。换言之，就是理性分析，回到问题本身，不被情绪驱使去做不理智的决定。

总之，家长积极乐观的人性观和人生观是亲子教育过程中最值得注意的基调。给孩子一点时间、一点空间，以积极心态解读问题，乐观思考，变抱怨为想办法，变消极为积极，融入积极心理学的思考及行为方式。

如果爱，就从建立积极的亲子关系开始吧。

二十

向孩子表达你的爱

我并不怀疑父母爱子女，这是天性，且并非人类所独有。北极熊妈妈也会忍着饥肠辘辘带着小熊去捕食，角马妈妈也会带着孩子狂奔逃避狮子的追击，小鸟妈妈也会叼回小虫喂进鸟宝宝的小尖嘴里，何况号称万物灵长的我们。

可是，我们会向孩子表达爱吗？

不要张大嘴巴疑惑地问："爱还需要表达吗？"

当然，当然需要表达。你不表达，对方怎么知道你的心意？何必要靠猜呢？

我们往往认为爱不必说，我生你养你教育你，好吃好喝好穿的供给你，这就是爱的表达了。不错，这是爱的表达，但还不够充分，假如在教养过程中掺杂着不当行为，那么孩子就会更迷惑——"你到底爱不爱我"。比如刚刚痛骂了孩子，转头端上精心烹饪的美食；比如蛮横地禁止孩子给伙伴打电话，然后拿出件新衣服让孩子试穿。父母觉得自己的出发点都是爱，可是孩子感受到的是矛盾，所以，我们在调整自己不当行为的同时，也要学会以积极的方式向孩子表达爱，当孩子感受到父母真挚的爱，当然会得到满满的安全感，我们对孩子的教养也会相对更顺利地进行，孩子当然乐意听到爸爸妈妈善意的建议，他觉得那是来自爱的建议。

心理学家就如何表达爱，概括了五种积极方式。

一、肯定言辞

我们要习惯把那种"渔婆式"的要求变成直截了当的赞美和肯定。"渔婆式"就是永远不满足，永远定一个更高的目标让孩子去实现。有了木盆还想要房子，有了房子还想要宫殿，有了宫殿还想当女王，当了女王还要小金鱼来做奴隶任凭使唤，永不满足。对孩子就是"起码要得 90 分，下次争取上 95 分，冲刺 100 分有那么难吗？为什么你就不能进前三名？班级第一有什么好得意的，年级第几？全区第几？全国第几？全世界第几"，没完没了，几乎不可理喻。我们可以说"不错啊，看来你真的很用心，大部分都对了呢""第几名别太在意，自己和自己比就好，千里之行始于足下嘛""老师夸你最近听讲很认真呢，良好的开端是成功的一半哦，跟妈妈击个掌吧"。

二、身体接触

心理学家早有研究，小猴子即便不找"铁丝做的猴子妈妈"吃奶，可是在玩耍的时候、遇到危险的时候还是第一时间冲上去拥抱不能给奶吃的"绒布做的猴子妈妈"，可见温柔的拥抱是多么强大、多么重要的能量。小时候总是被爸爸妈妈抱来抱去的孩子，一天天长大，可是从未忘记怀抱里的温暖和安全感。在孩子开心的时候，拥抱是分享快乐；在孩子悲伤的时候，拥抱是分担难过；在孩子面对压力与挑战的时候，拥抱是鼓舞和相信。击掌、拥抱、拍拍肩膀、摸摸头发、挎挎手臂，很多种温馨随意的身体接触方式都在对孩子表达爱和支持，含蓄内敛的家长们，就从抱抱孩子开始吧。

三、精心设计的时刻

孩子的生日、盛大的节日、重要的纪念日，父母精心设计的欢乐时刻，让孩子看到父母的用心和重视，也能强烈地感受到浓浓爱意。多年之后，也是美好回忆的一部分。值得注意的是，我们也有责任帮孩子学习爱的表达方式，可以和孩子一起给爸爸或者妈妈一个惊喜，接受爱是幸福的，付出爱更幸福。

四、馈赠礼物

我们送孩子什么样的礼物，不但传递爱意，也传递着父母的价值观。送一条昂贵的项链，还是送一套自然奥秘的书籍？送一个精美的蛋糕，还是送一次田园之旅？没有绝对的对错，只有相对的选择。

五、服务行动

说到服务的行动，很多妈妈最有发言权了，是的，准备早餐、接送上下学、添加衣服、辅导功课，这些都是服务的行动啊。大部分爸爸参与日常照料比较少，可是在外出游玩扛包的时候也是很威武很感人的不是？好，除此之外，我们要注意的是，服务的行动不要过头，在提供服务的同时也要让孩子尽量自己的事情自己做，在提供服务的时候要让孩子理解这是出于父母的爱而不是理所当然。同时，也要培养孩子为他人服务的精神，懂得爱是相互的，不是单方面的索取。

除此之外，向孩子表达爱还需要注意以下两点。

一、爱需要理智和是非观

新闻曾经报道某个妈妈实在无法忍受女儿的霸道和无限的非分要求，在情绪冲动之下杀了女儿的案件。尽管父母条件一般，可是却为了所谓的爱，一直无原则无止境地满足孩子的物质要求。孩子却变本加厉地提出非分要求，并在暂时得不到满足的时候对家长破口大骂极尽侮辱。失去了理智和是非观的爱，害人害己。法庭上痛哭流涕的母亲，太平间里冰冷僵硬的女儿，这样的人伦惨剧本来可以避免，可是就是在爱的旗帜下一步步从温暖的亲情变成残酷的案件。

女歌迷追星追到让老父亲变卖房产，追到逼得年迈父亲跳海自杀。这当然是悲剧，爱偶像爱到无理智、无是非观，而其父母也因爱女心切而一再突破底线地辅助女儿追星，偶像的生活一如从前，可是这一家人却再也无法回到从前。最后，跳海身亡的老父亲竟然在遗书中要求偶像再见女儿一面并为其签名。这是一位悲怆绝望的父亲对女儿追星的最后一点支持，但这支持却依然来自对自己女儿无理智、无是非观的爱。

爱的理智让我们调整情绪，不做情绪的奴隶，不做出不顾后果的冲动行为。爱的理智让我们有时间有空间反思，我们的爱是健康的阳光雨露，还是甜蜜素和安赛蜜勾兑的糖精饮料？我们的爱是让对方获得了积极能量还是使得他失去自我失去控制？爱的是非观让我们能悬崖勒马，知道什么该做什么不该做，失去了是非观的爱就变成脱缰野马，放纵成灾。

二、爱需要距离与分寸

有一次我们一家三口和孩子的小伙伴一家三口结伴出游，两个孩子年纪相当，一路上有说有笑十分开心，我们家长之间自然也轻松随意地聊天，享受难得的休闲时光。因为担心路上堵车，我们一致同意乘地铁出行，结果到了中途换乘站的时候，那位小朋友说自己想小便。我正准备找车站的工作人员问问卫生间的位置，不料那位小朋友的爸爸极其自然地扒下女儿的裤子朝附近的垃圾桶把尿，而小朋友的妈妈在一旁视若无睹。我觉得很震惊，两位家长都是受过高等教育的文化工作者，怎么能做出这样的事呢？孩子都已经七八岁了，早就该有意识地保护隐私和注重公共道德了呀！

我向那位小朋友的妈妈悄声询问，那位妈妈很茫然地回答说："一直是这样啊，从小就是她爸爸管，现在每天夜里也都是她爸爸抱她去卫生间把尿，迷迷糊糊地去，迷迷糊糊地回来，孩子自己起不来嘛。"我不由自主地说："孩子在幼儿园的时候都能自己去上厕所，怎么上了小学之后反而做不到了呢？家长得有意识地帮孩子解决自己上厕所的问题呀，睡前去一次，半夜可以叫她起来，陪她再去一次，慢慢地，她就有了半夜起来自己上一次卫生间的习惯，不会尿床也不用大人管了，不是多难的事，早训练早省心。"

那位妈妈说："哦，也是啊，我一直懒得管，反正她爸爸乐意干，我就随他去了。"我不得不又多嘴几句，说："这么大的女孩，不能再当众裸露身体了呀，学校里分男女厕所是干吗的？就是要让孩子们有性别意识了。你现在还拿孩子当小宝宝对待，孩子就没有自我保护意识，不觉得裸露身体是不恰当的，假如遇到欺骗和性侵，她完全茫然，不知道怎么回事。教育女孩保护自己，这是妈妈要做的事，不能完全指望爸爸呀。"

那位妈妈恍然大悟一般地说："还真是这么回事，你不说我还从来没想过呢。"我最后再趁热打铁一下："以后孩子洗澡、上厕所、换内裤这样的事情，也要让孩子自己做啦，如果实在需要帮忙，也得妈妈来，不能继续很随意地在爸爸面前裸露身体了，女孩渐渐大了，要有意识地回避爸爸了。"

她若有所思地说："对对，我看过一则新闻，一个美国的单身爸爸带着女儿生活，女儿在学校跟老师说，爸爸帮她洗澡，结果老师报警了。警察去家里找爸爸，爸爸不肯就范，竟然被警察击毙了。你说这也没怎么着，就是爸爸给女儿洗澡，也值得报警？人家就是对儿童保护做得比较全面吧。"听她这么说，我终于放下忐忑的心，觉得自己没有白"多嘴"一回。

爱孩子，可以理解，但爱不是一顶可以高于一切的大帽子。爱是两个平等而独立的个体之间的情感互动，不是一方高高在上、另一方反抗不得地被动接受。爱，要以被爱者的幸福和感受为出发点，而不能仅仅以自己的个人好恶为依据。爱，是需要一点距离和分寸的，适当的距离和分寸会让爱更加健康而长久。

第三部分　学会爱，付出爱

二十一

游戏是学习方式之一

说到游戏，很多家长如临大敌，十分头痛，不知道如何对付这个夺取孩子注意力的洪水猛兽，怕损害视力，怕玩物丧志，怕沉湎其中耽误功课。可是，孩子那么喜欢游戏，不是没来由的，对孩子喜欢的东西，家长需要先了解，再判断。

游戏是学习方式之一，就像两只小狮子之间的撕咬、翻滚、追逐，那是初步尝试狩猎的感觉，是在为未来的生存之战作准备。

牛津大学互联网研究所调查五千名儿童发现，适度玩游戏的孩子比完全不玩游戏的孩子更快乐，更乐于助人，同伴关系更好，情绪和行为问题更少，适应力更强。而长时间玩游戏者（每次玩 3 小时以上）在和同伴交往的过程中，会产生更多的冲突矛盾，注意力难集中，生活满意度更低。所以问题的关键是"适度"，也就是——每次不超过一小时。

家长忧虑孩子迷上游戏怎么办？我们可以先放下对游戏的成见，了解一些游戏，看看这些游戏为什么如此有趣。

记得我家孩子初次喜欢游戏还是在上幼儿园的时候，一个小朋友来家做客，两人趴到电脑前嘀嘀咕咕好半天，小朋友走后我才发现，我家孩子黏在电脑桌上不下来了，小小的手指在搜索栏里敲击几个数字"4399"，然后，回车。跳出的条目一串串，她逐个去点开，点到第三个嘻嘻一笑，首页上是密密麻麻的游戏分类、名称、图片。还不认字的娃娃颇有耐心地一个个点开有趣的图片，什么烹饪游戏、化妆游戏，竟然还有大便超人，恶心极了。可是，这个小孩从此每天寻找一切机会去霸占电脑，津津有味地给公主们搭配裙子，做各种美食点心和饮料，当然，她还会去玩恶心的大便超人游戏，配合着音响效果，哈哈大笑。

我在一边观察了几天，当然也限制了一下玩游戏的时间，每次不超过半小时，每天不超三次，理由是"保护视力"，她虽然不情愿，但也表示接受，还算讲道理。

几天之后，她又找到了拼图游戏，还有巧虎和朵拉。

我想了想，买来很多烹饪材料，请她把游戏里学到的东西实践出来，真的美食真的能吃，比游戏里的更有吸引力。结果，她非常欢快地学会了做沙拉、榨果汁、磨豆浆、擀面条、包饺子、蒸米饭等一系列厨艺，姑且不管味道如何，反正大致程序不错，做出的样子也很像那么回事。孩子对自己的厨艺非常满意，渐渐地竟然上网搜菜谱，学着拧麻花、炸春卷、摊土豆丝饼等新手艺，现在她上小学三年级了，一般的家常饭菜都会做，也曾经在切菜的时候不小心弄破手指，流了血，包扎过伤口，休养几天，再次披甲上阵，乐此不疲。

自然，我也买了很多纱巾、缎带、珠子和基础材料，她要真的做娃娃的衣裳和婚纱了，针线剪刀胶枪一应俱全，自己又去上网找手工教学视频。现在，我家的橱柜里有两百个做工精致的头饰发夹，还不算她自己前前后后送给小朋友们和阿姨们的几十个，偶尔她还是会玩玩给公主扮装的电子游戏，可是一周也不超过两次，每次不超半小时，因为现实中的更好玩啊。

全家一起玩真的拼图，也一起玩"找不同"的游戏，她玩了巧虎和朵拉的游戏，在外出游玩的时候经常一副老前辈的样子——"顺着河流就能找到出口""溪水要烧开了才能喝""看太阳就知道东西南北""果实又红又大的那边大概是南方""这种果子叫树莓，味道酸甜有营养"，我和她爸爸面面相觑，游戏也是小老师啊。

至于那个大便超人，我在她玩的时候送上她最爱吃的小点心，她自己主动下线，端着点心去一边吃去了。现在，至少有半年的时间，没再见她玩过。

从这个学期开始，学校要求英语作业网上完成，看绘本做选择或填空，还有跟读和背诵。我找到一个英语学习的探险游戏，现在每天早晨和她一起玩十分钟，仅仅十分钟，五个知识点，完成之后有积分奖励，积分还能换装备和道具。自然，她的英语成

绩不错，学习兴趣也很大，因为在她看来，这就是玩游戏。我从来也没在一旁强调过所谓的知识点，只是和她一起想办法闯关。

所以，忧心孩子沉湎于游戏的家长可以适当地引导孩子，把学习看成是游戏，以认真游戏的态度来认真学习。

爱学习本身，而非爱成绩，成绩就是植物大战僵尸积攒的"钱币"，用来买道具用的。享受学习本身的乐趣，而非只追求积攒"钱币"的乐趣。一个糟糕的成绩只是一次被僵尸吃掉了植物的"GAME OVER"，马上就可以重新启动，重新开局，再玩一场，干掉更多"僵尸"（学习中遇到的问题）。

在打僵尸的过程中，会遇到很多挑战，有成功也有失败，比积攒钱币（成绩）更重要的是不断提高技巧，总结方法，享受乐趣，同时打怪升级，自我肯定，自我实现。换言之，就是孩子在学习过程中遇到挫败，抗挫能力比百战百胜更有价值。想想看，百战百胜多可怕，一个人得多脆弱多忐忑，因为一不留神就要跌下神坛。可是越挫越勇的人却没有这个心理负担，泥浆里打滚爬起来的，还怕湿了衣襟吗？

"主科"学习只是游戏内容之一，除了植物大战僵尸，还有很多游戏，每一场酣畅淋漓的游戏都是一次了解自我的探索。爱打球，爱画画，爱跑步，爱下棋，爱园艺，爱摄影，兴趣是最好的老师，不要为了一个好大学的毕业证就扼杀掉一个体育冠军、演艺明星、时装设计大咖、快乐的邮递员、开心的蛋糕师。孩子可以有自己的向往，俗话说"三百六十行，行行出状元"。我想说，是不是状元无所谓，有自我价值，过得开心就好，其他的慢慢去探索、尝试、努力追求。

扎克伯格、乔布斯、比尔·盖茨这样的"辍学少年"是怎样成功的？别的不论，其中有一点非常重要——他们的父母没有强迫他们去拿毕业证，哪怕是哈佛的。

美国教育家、心理学家霍华德·加德纳在《智力的结构》一书中提出，"智力是在某种社会或文化环境或文化环境的价值标准下，个体用以解决自己遇到的真正的难题或生产及创造出有效产品所需要的能力"。每个人都至少具备语言智力、数理逻辑智力、音乐智力、空间智力、身体智力、人际交往智力和自我认知智力，后来，加德纳又添加了自然主义智力和存在主义智力。这一理论被称为多元智力理论。该理论强调智力的多元性、差异性、创造性、开发性。通俗来讲，就是说学习成绩只是衡量了一部分传统智力因素，而更多的智力因素是学习成绩无法测量的，但却是普遍存在且非常重要的。

不同种类的游戏就是不同内容的学习。打球、跑步、爬山、游泳、滑冰、滑雪是游戏，锻炼身体，提高身体智力；聊天、辩论、说相声、分角色朗读是游戏，提高人际交往智力；读书、演讲、朗诵、弹琴、唱歌、舞蹈是游戏，提升语言智力、音乐智力和自我认知智力；探险、迷宫、九连环、魔方是游戏，提升数理逻辑智力、空间智力等。

爱孩子，就和孩子一起游戏，在各种游戏里提升能力、增强信心、自我肯定，得到锻炼，发现有趣的美好的东西。游戏是学习方式之一，学习本身也是游戏一种，把学习当游戏，乐趣多多，有主动性和创造性。在游戏中学习，事半功倍，孩子开心，家长轻松。

最近，我家孩子喜欢上了养宠物游戏，给电子猫喂食物喂水、洗澡，带着皮球交朋友，可是，她不会沉迷其中，因为，我家先后养过金鱼、鹦鹉、小狗、兔子、乌龟，现在家里还有一只相貌奇特、性格和顺的肥猫。相比电子宠物，孩子更喜欢肥猫，肥猫也喜欢这个语言不通的小姐姐。在照顾肥猫的过程中，我看到了孩子的善良和耐心，也看到了肥猫和孩子之间的温柔感情。

二十二

艺术教育的兴趣比考级重要一百倍

　　小升初是当前教育现状中绕不过去的一道坎，所以很多家长从孩子上小学一年级就开始"运筹帷幄"，于是每逢周末孩子们就奔赴在各种辅导班的路上，尤其钢琴、舞蹈、绘画等艺术教育，不是一般的火爆。

　　目前的义务教育确实无法满足不同孩子的个性化艺术教育需求，有的孩子就是天赋异禀，比如擅长音乐，学校里每周一节音乐课还经常被语数英老师霸占了，家长又不会任何乐理知识，不报辅导班怎么办？起码的五线谱总得会看吧？总要先学一门乐器找找感觉吧？所以，辅导班可以报，但要注意几个问题。

一、报少不报多

　　因为每个人的时间精力都有限，孩子本身要上学，学校里的功课得做，还要准备单元考试、期末考试和各种学科竞赛，学业负担摆在那，有限的课余时间里还要自由活动、读书娱乐、同伴交往和体育锻炼，所以，辅导班不能完全占去孩子的课余时间，控制在两项左右就好，然后可以阶段性地调整，比如去掉一个班，再增加一个班，起码给周末留出两个半天的自由活动时间。在自由活动的时间里，孩子可以发挥自己的主动性、创造性，做自己感兴趣的事，观察自然，享受生活的美好，有利于生活满意度提高，有利于自我价值的探索与肯定。

二、报兴趣不报功利

孩子的兴趣并不是那么坚定，或者那么容易"水落石出"的，所以，很多辅导班都有免费尝试的机会，一次尝试没想好，可以再找机会尝试几次，等孩子有了点兴趣再报个短期班进一步体验学习。有的家长为了学费折扣或捆绑孩子坚持下去一下子交两三年的学费，结果在孩子失去兴趣后全家受罪，家长打着骂着哄着求着让孩子去，孩子哭着喊着不乐意，这种情况下就算勉强去上课，还能有好的收效吗？还有的情况是，家长不尊重孩子的兴趣，以自己的个人看法"霸道"地要求孩子上某种辅导班，比如奥数。家长觉得将来可能对数理化学习有帮助，或者对小升初考名校有用，就一定坚持让孩子去，可是孩子要么没兴趣要么没天赋，尽管花了时间花了钱，却没什么效果，还打击了孩子的自尊心和自信心——"看，一个班三十人，我每次都倒数几名，我不行"，这种"我不行"像传染病毒一样侵蚀孩子的心灵，遇到自己喜欢的或擅长的事也跟着产生自我怀疑和自我否定。作家把自己关在房间里写几十万字不觉得累，科学家同一个实验做几千次不觉得无聊，都是因为他们在做自己感兴趣的事，做的过程本身就有乐趣有成就感，当孩子找到自己真正的兴趣的时候，那种力量是家长拦都拦不住的。孩子爱看书，你不让他看，他比红烧肉吃不到嘴里还着急上火；孩子爱踢球，他能顶着太阳狂奔一下午，汗流浃背依然斗志昂扬。所谓天才，无非是释放了天性，在天性的引导下尽情追求想得到的结果罢了。

三、报能力不报苦力

有兴趣当然重要，同时还有一点也很重要，就是自己的能力。能力是培养出来的、锻炼出来的、学习出来的，没错，但能力也是依托一定的先天条件和客观因素的，不是完全情绪主导就可以的。动物森林举行运动会，"运动员"提前报名参赛项目，兔子和瞪羚可以报短跑，袋鼠可以报跳远，黑熊可以报举重。每个动物所报的项目皆是自己所擅长的，符合自己的身体条件和基本习性的，然后才是多锻炼、注意技巧和心理素质，最后冲刺项目冠军。报能力不报苦力就是，以实际能力的基本条件为基础，不要盲目地追求"刻苦"，吃苦本身不是目的。孩子报辅导班，勤能补拙是个很好听的道理，但再勤快的乌龟也跑不过兔子，可是比耐力兔子就不是乌龟的对手。每个孩子都有自己的长处，帮孩子发现自己擅长的领域，结合兴趣，再配合技术提高，更容易取得成绩，事半功倍，提升信心。

四、符合孩子的身心发育特点，切忌揠苗助长

有一种非常粗暴无知的口号叫"不要输在起跑线上"，还在蹒跚学步的孩子也要站到起跑线上去了吗？那是不是从幼儿园开始就学习语数英理化更好呢？三岁会背一百首唐诗，四岁能认三千个汉字，五岁能做加减乘除，六岁恨不得就要初中毕业了，何必这么着急呢？急着赶去哪里？十二岁上大学，同班都是十八岁的同学，和人家能玩到一起去吗？春种秋收夏耘冬藏是自然规律，孩子也有自己的身心发展阶段，盲目地"大跃进"只能造出废铜烂铁，赶超不了"英美"，还得把自己折腾个半死。举例来说，心理学家皮亚杰的理论认为，童年期的思维处于具体运算阶段，逻辑思维迅速发展，在发展过程中完成从形象逻辑思维向抽象逻辑思维的过渡。十岁左右是形象思维向抽象思维过渡的转折期。所以，在小学三四五年级的时候，教育方式和教育内容要适应儿童的思维发展规律，发掘潜力，促进思维能力发展。

五、允许反复和放弃

只许前进不许后退那是敢死队的口号，不该是教育孩子的口号。人性本身是多样而复杂的，人的兴趣往往也有一定流动性。报了跆拳道就非要打到黑带九段，学了钢琴就要比肩贝多芬和肖

邦，过分强调坚持对孩子也是一种不必要的禁锢。他的坚持要建立在他有兴趣并且自觉自愿的前提下，当他明确表示兴趣转移了，家长也要给出时间、空间，让孩子再次去尝试。有一个女孩高中毕业考取了英国著名学府读金融专业，家长已经交了学费，孩子却反悔了，死活想重读一年另考心理学专业。家长急得如坐针毡求助专家，孩子则向专家声明自己考金融专业完全是受父母逼迫，现在面对自己一生的道路选择，不想再受父母驱使，想尊重自己的内心去念心理学。

专家并没有按照家长的意愿奉劝孩子去念金融专业，只是问了问她过去的生活，对未来的打算，孩子畅快倾诉了两个多小时之后，自己话锋一转，主动说愿意去念金融专业了，家长喜出望外，不明白专家用了什么法宝。其实，专家哪有什么法宝，只是给了孩子充分的尊重和发言机会，让她倾诉尽了自己的压抑、苦恼，最后她自己决定，先念金融，如果念了一年还是不喜欢，再决定换学校或者换专业，自己的决定自己负责，自己承担后果，就这么简单。允许反复，允许放弃，给孩子以尊重和自由，让他学会为自己的人生负责，这比一张名校门票更有意义。

考级仅仅是针对大纲检验阶段性学习效果，以单一的量化指标来评判优劣，然而事实上，很多有艺术素养的大家都是突破陈规的，以单一量化指标衡量艺术修养本身就带有一定的偏颇。在充分的艺术学习兴趣和个人能力相匹配的情况下，比较自由地学习一段时间，找找感觉，体会艺术本身的真与美，这本身就是体会生命之美好、生活之美好的重要内容。

艺术教育的兴趣比考级重要一百倍。音乐、美术、舞蹈、摄影、书法等不同的艺术教育是生命早期发展的主要动力，是全面提升个人素质与能力的重要途径。艺术教育侧重于直觉、感性的认知能力的提高，重点开发右脑机能，同时，艺术也有助于培养人的创造力和审美情趣，是促进心理健康的"果蔬沙拉"。

爱孩子的你，给孩子来点果蔬沙拉吧。

尊重天性，鼓励兴趣，过犹不及，恰当就好。

二十三

受尊重的孩子更有主动性

2015 年一段网络视频引发热议，一个奶奶在地铁里对痛哭求饶的七八岁的小孙女拳脚相加，拍摄视频的人并没有及时制止，只是进行了简单的言语劝解。这真是令人不忍直视的悲剧，别说什么爱不爱的废话了，如果这是爱的话，那这样的爱宁可不要。说这是爱，那可以招呼一群路人来爱你，揍个鼻青脸肿再说。曲解爱，侮辱爱，利用爱做借口，其实只是施加暴力的人在宣泄自己的个人情绪，在对一个弱小孩童进行令人绝望的欺凌。

心理学研究表明，对孩子进行严厉体罚，会大大增加孩子的焦虑，并表现出更强的攻击性；而给孩子的爱越多，则会大大降低孩子的焦虑，减少攻击性；而一边严厉体罚一边深切疼爱的环境则养育出最强焦虑与攻击性并行的孩子。

不要以为事后买个礼物就扯平了，不要以为打一巴掌揉三揉是多棒的方法，那种身处伤害而绝望的心情弥散在记忆深处，是想忘也忘不掉的疼痛。理智上即便原谅了家长的行为，情感上依然是受伤的。破镜可以重圆，但重圆永远不能回到当初。

打孩子是对孩子的不尊重，也是非常严重的伤害。你控制不住自己的脾气，只是因为他弱小到无力反抗，否则你怎么不去打你的老板？你的客户？怎么不去打街上块大膘肥的莽汉？你恃强凌弱，还振振有词，孩子能有安全感吗？能有自尊心和自信心吗？

再深切的爱也要留出基本的边界，更不能不问手段地追求结果。辱骂、欺凌、殴打，能得到什么样的结果呢？换到自己身上，又会有何感想？一个连自己最起码的尊严和安全都无法保障的孩子，要如何长出健康快乐充满阳光的心灵呢？他又会如何看待爱的关系和生命的意义？

与之相反的是，众所周知的皮格玛利翁效应。塞浦路斯国王皮格玛利翁雕刻出精美绝伦的少女塑像，并深深地爱恋着"她"，终于感动女神阿佛洛狄忒，雕像被赋予生命，并真的嫁给皮格玛利翁为妻。神话故事的寓意显而易见，期望与赞美会产生奇迹。

身为家长，不妨换个位置思考一下，回到我们的童年，当我们还是孩子的时候，我们是希望听到长辈的祝福、鼓励、赞美、期望、肯定，还是希望得到呵斥、辱骂、贬损、挖苦、讥讽，甚至打骂？尽管都打着"爱"的旗号，我们自己需要怎样的爱的方式？再换个位置想想我们的伴侣关系、同事关系、朋友关系、与上司的关系，我们又期望得到怎样的待遇？

没有正确的方式，所谓好的初衷就是为坏的手段找借口而已。初衷再好，用开水浇花，给金鱼喝奶茶，对花和金鱼而言，也是灾难。我们为什么要打着"爱"的名义给自己的孩子制造"灾难"呢？连最可依赖、最可信任的父母都口不择言地羞辱、信手拈来地殴打，要让幼小的孩子去哪里寻找精神的寄托和心灵的安全岛呢？

皮格马利翁效应向我们昭示：自尊心和自信心是人内心的力量源泉，促进人的自我肯定与自我实现，是取得成功的重要先决条件之一。所以，身为家长尤其应重视尊重孩子的人格尊严，积极关注孩子的自尊心和自信心的培养，像呵护春天的幼苗一样，温柔而坚定地援助孩子的心灵成长。

我们要怎样做才算是尊重孩子？

首先，拒绝暴力，包括语言暴力、行为暴力、态度暴力。

语言暴力，比如"你真是笨死了""你给我滚一边去""看你那个德性""养你还不如养猪，猪还能杀了吃肉""真怀疑你是不是我亲生的""看见你就心烦"，等等。家长气头上的口不择言，也许并不是真心话，只是怎么解气怎么说，心里依然很踏实地认为"反正是我自己的孩子，不会记恨我的""等他表现好的时候，我再对他好不就行了""不过就是骂几句而已，又不痛不痒的"，这些话有多难听，对孩子而言有多难堪，孩子无法回骂，也往往没办法逃开，就这样站在原地等待精神上的枪林弹雨袭击，怎么会事后毫发无伤？那是有感觉有感情的人，是遭受了不公平对待无力反抗的孩子，这一颗被侮辱伤害的种子也会在心灵深处发芽，长出脆弱、敏感、悲观、极端的自我。

行为暴力，包括拳打脚踢，也包括随意的一巴掌，打在屁股上、头上、脸上。重则伤痕累累，轻则一时疼痛，可是孩子遭受的是双重暴力，既有身体被侵犯的疼痛，也有精神上被欺凌的痛苦。遭受家长的行为暴力之后，孩子的行为往往有两种路径的延展，一种是传承，自己将来也会用暴力解决问题，对同学、对同事、长大后对自己的伴侣或子女；另一种是退缩，性格怯懦，遇事慌乱，缺乏自信，自我放弃。

我认识的一位阿姨，小时候生活在兄弟姐妹众多的大家庭，长辈重男轻女，身为女孩不但要做很多家务活，还会被无端大骂，有一次被父亲用茶碟砸断了鼻梁骨，血流如注，落下一辈子鼻炎的毛病。可是身为受害者的这位阿姨，在长大结婚成家之后，如法炮制地对待自己的孩子，依然重男轻女，并且常常使用暴力管教孩子，当初的受害者变成了新的施害者。直到阿姨的儿子成年之后，对已经年迈的阿姨也回报以拳脚，阿姨依然不明白为什么会这样？她明明很爱儿子，儿子为什么这样残忍粗暴？就是那颗童年被埋下的小种子长成了大树之后的结果。

态度暴力，专指冷暴力，俗话说的"不搭理"。有的家长认为自己算比较文明的，对孩子不满意的时候不打不骂，只是不搭理，等着孩子自觉认错，自觉成长。然而，实际上，这并非什么灵丹妙药，有的孩子以同样的态度回应父母，家庭陷入长期冷战，消磨了彼此之间的爱与温情，也削减了彼此间的信任与支持。良好的社会支持系统第一环就是家庭支持：经济的和精神的双重支持。所谓的"不搭理"传递出的消极信号就是"我不在乎你""你以为你是谁""你不值得我搭理""我懒得和你说话""你不配和我交流""你对我来说无足轻重"。即便是为了让彼此情绪冷静下来而采取暂时的回避政策，也要做一点铺垫——"让我们先冷静冷静，下午有时间再谈好吗""我很理解你的心情，但也希望你能理解我的立场，不如先别说了，明天早晨咱们再说，好不好""虽然在这个问题上你我意见不一致，但我希望你知道，我爱你，我相信你"。

其次，尊重孩子，需要认真专注地倾听，并给予积极回应。不要在孩子没讲述完的时候随意插嘴、打断，更不要轻易地做出主观的价值判断，让孩子尴尬难堪。例如"我知道了，你想说小明偷了你的东西对不对""你活该，早就说过不让你和小明玩，你偏不听""好了好了，别说了，不就是得了个优秀小组嘛，至于这么得意吗"，我们可以说"好的，你继续说，我在听着""嗯，确实，你说得有道理，换成是我也会生气""很棒，你能这么想我很开心，再小的成绩也是付出劳动的成果，值得骄傲"。

最后，尊重孩子，要鼓励并尊重孩子的决定，让他懂得为自己的决定负责，承担自己的决定所带来的后果，理解一个人的决定需要深思熟虑而非一时意气。早晨出门，天气很冷，孩子坚持只穿一件短袖衫，家长心疼又着急，怎么办？OK，就让他穿个短袖衫出门好了，谁冷谁知道，背包里带一件厚外套，自己决定要不要加衣裳，冻一次，大不了感冒一次，下次自然知道天冷加衣裳。尤其是有的孩子逆反心理较重，家长说东偏往西，那么你就不给他说方向，他还有什么好逆反的？被尊重的孩子一般都不会太逆反，因为没必要，他知道自己的意见会被尊重，还逆反个什么劲呢？

爱孩子，就请尊重他、相信他、鼓励他。所谓奇迹，就是埋下相信的种子，开出希望的花来。

二十四

帮孩子交朋友

　　曾经看到这样一则新闻，某位将三个子女都送进名校的父亲说，从来不让孩子交朋友，因为他认为孩子不需要朋友，只需要学习和服从就够了。为什么大家对这位家长的做法会存在很大的争议呢？因为一些人看到了所谓的"结果"——名校录取通知书，就觉得好像孩子经受的一切尽管不开心，但总算"值得"了。另一些人则在质疑，那"结果"恐怕只是暂时的结果，一起"结果"了的还有本该属于孩子的快乐童年和独立人格，被牵线木偶一样管控得完全失去了个人自由，被棍棒打掉了做人的起码尊严和自主权利，这样的孩子长大了，那高大的身躯里会有幸福的心灵吗？会有对生命的感恩吗？更可怕的是，被剥夺了社交权利十多年，又要怎样突然去适应必须社交的未来的生活呢？总不能一辈子就在父母屋檐下跪着等挨打和命令吧？总要有一天毕业，参加工作，然后去谈恋爱，建立自己的家庭吧，他要怎样从被绝对管束的生活方式里学会待人接物的规则呢？

一贯孤独、缺乏自信、在被贬损尊严甚至威胁安全的环境里长大，人的自我概念能是积极乐观的吗？消极的自我概念像阴暗角落里的霉菌一样蔓延在心灵深处，"我不行""我不够好""我做不好就要受惩罚""打我是应该的，因为我不够好"……可是棒子打在身上是疼的，心里却告诉自己这是应当被接受的，矛盾不矛盾？这种内在冲突要如何调和呢？还是积累到某一个点上瞬间爆发，变故事为事故呢？

儿童的社交关系要自觉地经历几个阶段。第一阶段是孩子上幼儿园之前，主要是和家庭成员之间的交往。第二阶段是上幼儿园之后，和幼儿园老师以及小朋友们的游戏交往，这一阶段很重要，孩子开始磨合很多社交规则，为将来进入纪律性较强的小学阶段作准备。但这一阶段基本没有学习任务，或者说即便学点东西也是以游戏的方式，老师和小朋友就是一起玩游戏的对象。第三阶段是上小学之后，儿童与家长之间的关系会发生变化，因为有十个小时左右的时间要离开父母，在一个完全不同的环境里生活、学习、游戏，而儿童身边的角色多了同学、老师。老师在学校里则代替家长成为占据主导地位的关键角色，所以孩子对老师无论是不是爱，至少知道了老师的重要性。同学之间年纪相当，处境类似，于是更有共同语言、共同乐趣，同伴相处满足了这个阶段的儿童心理发展需求，分享快乐，分担压力，积极的同伴交往促进儿童的人格和社会认知发展。

家长需要理解孩子的心理需求，并提供积极的帮助。

有些儿童很容易结交朋友，比如在学校里学习成绩不错，经常得到老师表扬的，或者成绩未必很好，但是比较有主见、主意多、独立性强、待人热情、乐观的，或者在某一方面表现出色的，比如跑得快、画画好、会讲故事、胆子大等。

有些儿童则在同伴交往中把握不好边界，因而遭到排斥。比如脾气暴躁、不吃亏、欺负弱小、占小便宜、撒谎、霸道、违反纪律、逃避责任等，尽管他们内心渴望伙伴，但却常因为小事得罪人，自己还不明白为什么。

还有一些儿童被边缘化了，在同伴交往中成为无足轻重或参与度不足的角色。依赖性强、胆小怯懦、缺乏主见、退缩、隐藏自我、能在同伴交往中得到快乐，但是难以建立很亲密、互相信赖的好友关系，因为从积极同伴关系中获取的能量很有限。

对于很容易结交朋友的孩子，家长是不是就完全不必提供帮助了呢？实际上，这要和每个孩子自己的具体个性特征相结合来看待。有的孩子很容易交到朋友，但是非常喜欢占据主导地位，充当领袖，比如玩什么游戏，带谁玩不带谁玩。家长需要给孩子一些同理心教育，鼓励孩子开心玩耍的同时也要懂得顾及他人感受，更多地尊重同伴意见，释放善意与宽容，帮助胆小的孩子更勇敢，帮助参与度不足的孩子多表现，同伴们都能在伙伴关系中获得积极能量，得到幸福愉悦感，才会让友情更长久。

对于把握不好同伴交往的边界的孩子，家长当然要帮忙。首先，孩子来自于家庭，家庭的过分溺爱往往是培养出小霸王的首要原因。再者，家长对孩子的态度霸道，孩子有学有样，也用霸道的态度对待小伙伴，这是坏榜样的作用。对这样的孩子，家长不要上来就呵斥责罚，也不能不管不问，一味地抱有"树大自然直"的想法。呵斥会激发孩子的逆反心理和自我价值保护，听不进去家长的话，下次照旧变本加厉；不管不问则等于放任自流，越大越难管，不懂得人际交往的边界，难以建立良好的社会交往关系，也会影响个人的成就与幸福。

比较恰当的办法是角色互换，游戏扮演，让孩子感受到自己被不公平对待的时候有多不开心，被友善对待的时候多快乐。曾经有个"小霸王"欺负我家孩子，我找过老师，老师管了几次还照旧，我也联系过"小霸王"的家长，人家家长不觉得自己孩子有什么问题，最后只得我亲自出马，借中午放学的时间在解散的学生队伍里拦住"小霸王"，以聊天的方式问他是不是男子汉，他当然拍着胸脯自我肯定。然后，我问他男子汉是欺负女生还是保护女生的？他自然说是保护女生的。对呀，故事里都是王子救公主，还没见过王子打公主的呢。从那次谈话之后，"小霸王"没有再欺负过我家孩子。我从心里还挺喜欢这个言而有信的小男子汉呢。听孩子说，他在家里经常挨打，"小霸王"的爸爸是个"老霸王"，难怪这样。我又很心疼"小霸王"了，希望他的爸爸对孩子手下留情，多点积极引导，少点棍棒伺候。

对于被边缘化的孩子，家长尤其需要多花时间和心思。在成群结队的儿童游戏里跑来跑去打酱油，永远没有发言权和主导权，也会让孩子心里生出小小的自卑。那么，家长可以从几方面入手提供援助。

首先，提供一些小范围游戏的活动，只有两个孩子参与，这正是人际交往的第一步，也是核心步骤，让孩子和另一个孩子一起爬山、游泳、画画、照顾宠物、做作业、做手工、拌沙拉、挖野菜，无论什么活动，只要能让两个孩子开心相处，商量着玩，就可以。现在很多家庭都是独生子女，孩子在学校和同伴相处的时间很有限，家长要创造机会让孩子们周末小聚，拿出一天或半天的时间来，可以在家，也可以在户外，可以邀请同班同学来玩，也可以两个家庭一起外出活动，旅游、踏青等。

其次，变换着对象邀请游戏伙伴，也就是说，本周邀请活泼好动的小明，下周邀请温柔细心的小红，让孩子适应和不同性格的伙伴交往，获得更多的交往体验，也获得更多友情。

最后，创造一些三四个孩子玩耍的机会，内容与方式同上，根据自己孩子的实际情况选择，男孩女孩大孩小孩，在于不同性别、不同年龄的伙伴相处的过程中，孩子当然会得到更全面的锻炼机会，照顾弟弟妹妹，同时受到哥哥姐姐的照顾，向哥哥姐姐学习游戏的方式，再教给弟弟妹妹，学会谦让和礼貌，也学会分享与付出。

经过这三步走的孩子，再投身于大范围的同伴交往之中，就不会再像从前那样参与度不足，被边缘化了。孩子已经在小范围交往中得到了锻炼，增强了信心，自然在大范围交往中更容易找到自己的位置，也会更积极地表达自我，深度融入。

个人抵抗压力的一大法宝就是社会支持系统。心理学认为人的社会支持系统是指个人在自己的社会关系网络中所能获得的物质和精神上的帮助和支援。社会关系网络包括家庭、婚姻、朋友、同事或非正式团体、暂时性的社会交际等。不同的社交对象所能提供的支持往往有所差别，也正是这样的差别集合在一起构成了更健康全面的支持系统，换言之，各有各的作用。有时候我们愿意说给伴侣的，不一定愿意说给父母；愿意说给朋友的，不一定愿意说给伴侣。如果说家庭成员之间的支持是出于亲情或爱情的必然，那么来自非家庭成员的支持在家庭成员力所不及的情况下显得更加重要。要想拥有积极健康的社会支持系统，家庭成员以外的社会交往当然不可或缺。儿童阶段的同伴交往正是迈出关键一步，是未来社会交往的基础训练。童年友谊为孩子提供社会交往中的相互支持，情感共鸣，分享快乐，分担压力，为以后发展良好的人际关系奠定基础。

爱孩子，就帮孩子交朋友吧！帮孩子选择心态积极、乐观友善、勤奋进取的伙伴做朋友，自己也要争取做这样的伙伴成为别人值得交往的朋友哦。

二十五

鼓励孩子对困难说 "看我的"

孩子小时候摔一跤，趴在地上哭，我们会手忙脚乱地奔过去，抱起可怜的娃娃，抚摸轻揉小胳膊小腿大脑袋，然后用格外温柔的声音安慰说："宝宝摔疼了没有？妈妈看看，妈妈抱抱，妈妈揉揉。"于是那个刚才还抽泣得眼泪鼻涕横流的小毛孩渐渐地安静下来，摸一把花脸，很安心地趴到妈妈肩膀上。是的，这就是小小的挫折，而且，有点疼。画面还挺温馨的吧。

等到孩子上了小学，走在路上摔一跤，我们还会这样吗？假如那小子趴在地上大哭不起来，会不会让人好气又好笑？没错，他已经该学着自己爬起来了，自己检查下有没有摔破膝盖，自己捡起掉落的东西，这时候，假如妈妈在一旁看到，要怎么说？以前的句子不能用了，要换成"摔疼了吧？受伤没有？吓妈妈一跳哎，好心疼你"，而不要说"你都多大了，你瞎啦，这么大不会走路？癫痫啊"。虽然孩子比从前大了，可他在父母面前依然是需要爱和理解的孩子，当他摔倒的时候，你可以不再亲自动手抚摸安慰，可是却也同样要在第一时间传达你的关切，让孩子知道，他依然完全拥有你的爱。孩子是我们自己的孩子，朝夕相处，自然熟络，可是不能因为熟络就忽略了基本的界限与规则，基本的界限是自己的事情尽量自己负责，基本的规则是时刻不忘传递爱与关心，而且要用对方能接受的方式，而不是"打是亲，骂是爱"。打不是亲，是疼痛；骂不是爱，是羞辱。

孩子渐渐长大，所经历的挫折也会增多，且不再是摔个跟头这么简单的事。他们有没有做好准备？能经历多大的风雨？做家长的是及时援助还是袖手旁观？我们爱孩子，却无法代替他去感受、去经历、去探求和冒险，自然也无法替他疼痛、替他伤感、替他总结出经验。

所以，我们没有办法听一声"急急如律令"的召唤就天涯海角地奔赴孩子身边，孩子需要自己的铠甲和武器，需要修炼自己的内功，变成独闯天涯的"神龙侠"。

当他完全相信自己的能力并注意提高自己的内在素质和外在技巧的时候，我们大致就可以放下一半的心了。另一半是永远放不下的，那是作为父母的本能之爱。

面对困难与挫折，孩子的勇气来自自信，而自信的前提是自我概念、自我认知。也就是说，他究竟是如何看待自我并认知自我的呢？

　　自我概念是个人心目中对自己的形象、对自己存在的认知以及对个人身体、能力、性格、兴趣、思想等方面的认识。自我认知更积极更全面的人，相对于自我认知消极片面的人而言，前者的潜能发挥、自尊自信、耐挫能力乃至幸福感受都比后者更高一筹。儿童的自我评价内容会经历从身体的自我、活动的自我向社会的自我以及心理的自我发展的过程。

　　自我概念决定了人接受和处理经验的方式和态度，而不是自我本身。曾经有个故事说的是一个女孩子戴了个漂亮的蝴蝶结去上学，一整天都觉得自己被欣赏的目光所注视，心里很高兴，觉得自己比往日更自信更受欢迎，可是晚上回家的时候发现蝴蝶结掉在了家门口，原来一天的自我感觉良好都是来自于自我评价提高了，自认为更美丽了，然后却发生了奇迹，自信的样子果然得到了更多的赞许肯定。这个故事正是说明了自我概念即对自己的看法很重要，甚至比真实自我的客观条件更影响一个人的行为方式和态度。

　　好，既然如此，我们要怎样让孩子变得自信而勇敢呢？怎样才能让他们面对困难和挫折，去全力以赴地努力，然后泰然接受努力后的任何结果呢？哪怕那结果不尽如人意？

　　首先，帮孩子解决拖延症。

　　为什么要处理拖延症？拖延症和勇气、信心有什么关系？关系可大了。要知道，包括你我在内，都有难免一时懒散想拖延一下的时候，拖延只是换取了片刻的身体轻松，可是心里对自己是

有责备和不满的——"看,真糟糕,我又没做到""本来想每天走一万步健身的,今天连五千步都没完成,马甲线,何其远""实在不想刷碗,明早再说吧,可是一想到早晨起来着急上班之前还得先刷一池子餐具,心情也好不起来了"。情感和理智在博弈,情感胜,理智败,然后理智并不甘心,它要变成一个很小的声音在你心里反复念叨你的拖延、你的懒散、你的言而无信,你陷入矛盾和自责。于是你给自己一个借口说"我真的很累了""我真的做不到嘛吗""到底是谁发明的碗这种奇怪又无聊的东西",看,开始不讲理了,连自己也要笑自己借口太牵强。

所以,解决拖延症,是每个人都要打的仗,自己和自己较劲,然后接受较劲的双向结果。成功,开心,自信,觉得自己很棒;失败,失望,失落,沮丧,自我怀疑与否定。有一句笑话说:"女人能减肥,男人能戒烟都很了不得,对自己都这么狠对别人能不狠吗?"可见,打败拖延症,立竿见影的行动并取得成果,几乎连自己都要大大地崇拜自己一下了。

透露一个小秘密,我在二十多岁的时候有两年抽烟很厉害,几乎每天两包,后来结婚前后打算要孩子,抽完最后一包烟,再也没买过,说戒就戒,没有经历什么痛苦和反复,因为我当时想的是,我不能因为自己的嗜好毁掉一个无辜孩子的健康(但我那时候还没有意识到抽烟本身对环境、对自己、对他人都是坏影响,现在想来很是羞愧)。

帮孩子解决拖延症。设定时间规划表,用规划表来提高效率，给予适当的奖励以强化遵守规划的行为，当发现时间规划过于宽松或严苛的时候可以适当调整节奏，家长可以一起参与，以身示范，效果更好。比如，鼓励孩子加强体育锻炼，约定每天早晨六点开始，下楼慢跑十五分钟；每天晚上完成功课后，立定跳远十次，跳绳十分钟，仰卧起坐一百个。打印一份月历表格，每日的小格里有四个圆圈，完成一项打一个对钩，四个对钩就是完成当日任务。累计完成一周给点奖励，累计完成一个月给个稍大的奖励，累计完成一个季度给个大奖励，具体奖励什么，可以和孩子商量。家长也可以跟孩子一起运动，锻炼身体对谁都是好事。某天实在耽搁了，没有完成，也不要责备抱怨，打击积极性，可以隔天双倍弥补，小惩大戒。当然，尽量不要耽搁为好。

其次，和孩子进行充分沟通，了解他对自己的真实评价。

有的孩子对自己的评价远超实际，浮夸而泛泛，家长可以让孩子把标签化的好词好句变成具体的事情，比如"我很勇敢""我很坚强""我特别勤奋"，变成"我不怕毛毛虫，我能自己下楼扔垃圾，我会自己看红绿灯过马路""我摔了个跟头都没哭，我走了五公里没停歇""我每周看一本课外书，我天天写日记，我早晨第一个到学校"，具体的行为是给自己积极评价的依据，让孩子学会务实，才有脚踏实地的真自信。有的孩子对自己的评价过低，"我胆子小""我性格内向""我做不到"，家长也可以让孩子把标签化的消极词句变成对具体事情的积极评价——"我能自己关灯睡觉，我不怕黑""听写错的字词，我自己写几遍就会了，我在进步""我的个子比去年高了三厘米，我长大了""有个同学送我一张自己写的卡片，我交到朋友了"。从很小的事情上让孩子多给自己积极评价，自信和勇气就是这样被培养起来的。

再次，技术性地引导孩子多采用积极的行为方式去处理问题。

可以用故事和事例引导孩子思考和行动，也可以家长现身说法。比如孩子考试成绩不好，感到灰心沮丧，家长可以说："爸爸小时候也考过很不理想的成绩，每个人都会经历这样的事。可是这样很好啊，暴露出了问题，我们总算知道自己的问题在哪了，知道问题、解决问题不就大功告成了？总比不知道问题在哪好吧？比如一只瓶子漏水，我们找到那个洞修补修补，如果不知道洞在哪，水就会漏光了，对不对？考试就是了解一下学过的知识哪里有洞，然后我们再把这些洞补上，好不好？"

最后，请真的和孩子一起做到，不求最好，努力就好。

最好不最好，是结果，结果取决于很多因素，不仅仅是努力本身的程度问题。农民辛勤整个春夏，到秋天遭遇大暴雨或大旱灾，也可能颗粒无收，这不是努力程度的问题吧。但并不能因为秋天有大雨或旱灾的可能性，就放弃努力，春不种夏不耘。我们可以在努力的同时预想下可能的风险，然后采取技术手段控制风险。所以，假如我们真的能和孩子一起做到，不求最好，努力就好，那么就可以充分享受追求过程中的快乐和成就感，而不必因为结果的最终好坏就否定全部。想想那些高考失败或失恋就偏激自绝的孩子，难道还不能给我们足够的警示吗？努力不努力是我们能自己主动控制的，结果怎么样不是我们能完全掌控的，达观一点看待，会发现，幸福或成功从来不是千篇一律，每个人都可以有属于自己的天空。

爱孩子就鼓励孩子对困难说："看我的!"让他的铠甲和武器自动升级，帮他去修炼更好的内功吧。

二十六

与同伴相处，需要同理心

孩子这学期向我说过几个关于同伴交往的问题。

"波波在同伴们面前炫耀她的新手表，还嘲笑别人没有。"孩子向我说的时候，明显有点不开心，当然她也知道，家里有七八块漂亮的儿童手表，我都没让她往学校戴过。一个是好看的手表容易分心，上课没事看手表，影响听课，再者是不想让孩子不经意间给别人带来不开心。现在，终于有别的孩子"主动出击"了，该怎么帮自己孩子去应对呢？

我对她说："小朋友戴了自己喜欢的手表，很开心，这是可以理解的吧？如果你得到一个很喜欢的礼物，或者穿了漂亮衣服出门，也会很高兴的是不是？"她说："可是她嘲笑我们大家没有表嘛，她干吗嘲笑别人？""嗯，好的，她嘲笑你们没有表，你们不开心了，所以你们要记得，永远不要去嘲笑别人，因为那会让人家不开心，是不是？人家有没有表，是他们自己的事。你自己有自己高兴就可以了，可是不要因为自己高兴就跑去伤害别人。而且你看，波波并不知道你其实也有手表，而且比她还多得多，她这样的嘲笑不是就更没有意义了吗？难道因为她嘲笑了你，你抽屉里的表就会跑掉了吗？你的表就在那里，你不是没有，只是不想戴到学校去而已，你完全可以很自信很踏实啊，而且完全不必告诉她你有很多表，她做得不对，你就不要用她的方式去回击，那样你不就和她一样了吗？"

"丁丁每天穿得脏兮兮的，还总是爱迟到，他一人被扣分会影响全组总分落后。"孩子说完很生气，嘴巴鼓成一个球，好像个小刺豚。我搜索了一张刺豚照片让她看，问她是不是有点眼熟，她立即就明白了我的意思，呵呵笑了。然后，我对她说："丁丁穿的衣服脏兮兮，也许是因为他爸爸妈妈非常忙，人家到底是怎么回事，你都不知道，不能因为你都不知道原因的事情就随便责怪人家，是不是？别的同学衣服干净，还不都是家长洗的？那也不能算是同学自己的功劳吧？"

孩子不服气地说："好，衣服不管，他还迟到，他天天迟到，害死我们组了，一人迟到全组扣分，我们本来都能拿小组积分第一的，就因为他，总是拿不到，还能不气他吗？"

我说："他天天迟到是家长送得晚，要怪也怪家长时间掌握得不好，他总不能自己从家里跑到学校去吧？他自己想迟到吗？喜欢被批评被扣分吗？他心里应该也很不开心吧？你们能不能问问他为什么迟到？然后一起想个办法帮助他呢？如果他以后不迟到了，你们拿了小组第一名，大家会更开心吧，是你们帮他进步的啊，那多有成就感！而且，真正的好朋友就是应该互相帮助的，不肯帮人只等着自动第一名，有什么意思？"孩子点头答应："好，我去问他，要不我就每天早晨六点半给他打电话，叫他起床！""哇，不错，这么快就想到办法了，你真厉害！"

"马克脾气特别大，说话声大，力气大，一不高兴就动手推人。"我对孩子说："你们明天中午找马克玩游戏，就玩原地比力气推人游戏，轮到你推他的时候，你请阿姨帮忙推。然后告诉马克，每次他推别人的时候，别人的感受，就跟他现在被阿姨推他的感受一样。然后，请马克以后不要再动不动就推人，否则就要失去和大家玩的机会了。"

"女孩子们中午在一起玩的时候通常是由乐乐领导，现在她规定大家不许和思思玩，因为思思有'公主病'。思思反复请求一起玩，都被乐乐找借口拒绝了，然后思思只好自己在一边玩，看着其他小伙伴兴高采烈地做游戏。"孩子跟我说的时候有点小迷惘，我看出她左右为难。因为在别的小伙伴群体里，她也曾经遭到过这样的不公正待遇，我也是花了很多时间去解决，毕竟，没有哪个妈妈忍心看到自己的孩子被孤立。现在，类似的情况出现在思思身上，乐乐是主导，我该怎么办？我告诉孩子："每个人都有缺点，如果思思很娇气，你们可以邀请她玩捏泥巴，玩原地蹲起一百下。她那么想和伙伴一起玩，会努力坚持的，然后你们多鼓励她就好了，告诉她坚强的公主比娇气的公主更可爱。"孩子过了几天回来报告，思思也加入了游戏队伍，乐乐也接纳了思思，现在大家每天中午都玩得很开心。

积极友善的相处关系是儿童建立友谊的前提，而童年友谊则为成年后建立良好的人际关系奠定基础。

儿童的同伴交往要经历几个阶段，通常来说，幼儿园时期主要是短期游戏伙伴关系，也就是说一起玩是唯一目的，在公园里遇到的陌生小朋友，一起玩捉蜗牛喂鸭子的游戏，能津津有味地玩半天，这是同伴交往的探索性尝试；小学前期主要是单向帮助关系，换言之，在新的陌生的学校环境里，谁给予了帮助谁就是被肯定的交往对象，比如肯借铅笔橡皮的、课间一起翻花线的、伤心的时候来主动安慰的同学；小学后期发展为双向帮助关系，儿童逐渐了解到"己所不欲，勿施于人"，了解到"互利互惠，互相帮助"才是相处之道；初中之后进入亲密持久的共享关系，更喜欢与脾气合得来、相处愉快、有共同乐趣或类似价值观的人密切来往。

作为家长，只要顺应孩子的身心发展规律就好了，在孩子需要帮助的时候提供必要的支持和建议，而不必强行提早做太多功课，也不必强行灌输大道理给孩子，指望他们背下来作为行动指南，完全不用。当他在哪一阶段遇到某个问题，来和你商量，你且耐心倾听，帮忙分析，再给点建议就可以。因为没有到一定阶段，就没有感同身受的体验，你多余的叮咛嘱咐在他听来就是天书。就好像春天就陪孩子去踏青，欣赏花朵和嫩芽；秋天就陪孩子去采摘，品尝果实滋味。而不必在春天的时候不厌其烦地说秋天，反而忽略了当下的美好自然。

同伴相处是孩子重要的社会交往，积极的人际关系中很重要的一点就是同理心。

同理心不是同情，同情是置身事外的善意体谅，同理心是感同身受的换位思考。我们很容易同情弱小，但是往往忽略换位思考。同理心，需要不以自己的个人立场去给他人妄下定义，出口伤人；需要站在对方的立场，尝试理解他的行为和想法；以真诚和耐心的态度为出发点，倾听对方的倾诉，表达自己的看法，善意沟通，争取双赢。简单来说，就是换位思考，尊重他人，善良真诚。

其实，每个孩子都是善良的天使，他们渴望同伴、渴望爱和理解。我们让孩子有同理心，就是让他们懂得考虑他人的感受，善待他人。而善待他人的人自然更容易有积极的同伴关系，孩子会从中收获更多的快乐与支持。

同理心，是情商的重要组成部分，自然，有同理心的人更容易获得他人信任，会获得更积极的社会关系和支持。这是家长可以送给孩子的无价之宝。当父母不在身边的时候，正是积极的社会关系与支持给孩子提供必要的帮助。同理心既是人际交往的基础，也关系到个人的发展与成功。社会学家发现，同理心是人的社会化的一个重要环节，而社会化则与一个人的发展与成功密不可分。

生活里处处有机会，聪明的家长会善加利用，引导孩子换位思考，尝试角色替换，以尊重和善意为前提，多顾及他人的立场及感受，那么拥有同理心自然水到渠成。父母也要做有同理心的人，给孩子做真实的榜样。有同理心的人不会随便对别人发脾气，不会对别人的痛苦不以为然，不会对别人的失败冷嘲热讽。有同理心的人，会祝福别人的成功，理解别人的伤感，同情不幸的遭遇，以善良和温情对待他人。所以，有同理心的人很容易被他人所接纳，其社会支持系统也更加健康而强大。

爱孩子，就多关注一下孩子的同理心吧。

帮孩子合理看待负面评价

来自外界的负面评价几乎很难避免，面对负面评价也是社会化过程中的一课。外界的评价不一定都是客观的，无论褒贬，但是对孩子来说，如何去分辨、面对和处理负面评价，直接关系到每天的心情和自我评价的更新，所以，需要家长帮忙解释，提供积极建议，给予信心。

一、老师把一等奖给了别人

美术作品，每个孩子都画出了自己心中所想，可是，在大人看来，他们的水平有差异，有的鲜艳，有的暗淡，有的层次分明，有的混沌一片，有的内容丰富，有的相对简单，然后，大人按照自己的价值取舍，给孩子的作品分出一二三等奖，还有大部分人连三等奖也没拿到。家长要如何解释给孩子呢？是要求他画得"更好"？还是告诉他"无所谓"？是建议他画得"更像"？还是只鼓励"加油"？

我的建议是，告诉孩子，每个人的审美角度不同，别人评价出的一二三等奖，只是他的个人看法，换个人可能结果完全不同。美术是要画出自己心中所想，眼中所见，只按照自己的想法去画就好，充分表达内心的情感和看法，至于评价，哪怕是专业人士的评价，听听就好，不必太在意。你爱画画，就去大自然里尽情地画，用你喜欢的颜色和材料，也许有一天，你会开画展，也许不会，可是你爱画画是你自己的事，在创作的过程中已经得到了莫大快乐，升华了情感，别人要说什么是别人的事，别人也可以表达自己的看法，哪怕他的看法和你不一样。然后，带孩子多参观艺术作品和美术馆，多走进自然亲身感触。不必画得"更好"，因为现在画得就很好；不是"无所谓"，而是别太在意；不必"更像"，"像"不是终极追求；也不必"加油"，追随内心对美的理解和热爱就好了。

二、同学说我不漂亮

一般女孩子会比较在意这样的评价，而信口说人不漂亮的大多是淘气的男生或某些"霸气"的女生。离开被爱和肯定围绕的家庭，进入一个群体成为1/N，发现自己不像在家的时候那样被众星捧月般对待，竟然还有这样"难听"的话，有的孩子会因此觉得很受伤。家长不能不以为然，或者简单地说"不用理他"

"你不会说他丑八怪"，这都没有解开孩子心中的疑惑。

我们可以对孩子这样解释和建议。如果他说的是真的，如果你也觉得自己确实算不上很漂亮，那么，没关系，你可以做个很善良很友爱的人，你可以让自己多读书，见多识广，风趣幽默，你还可以加强锻炼，让自己健康活泼，像一道阳光温暖而明亮。这样的你不是比简单的外貌美更可爱吗？

如果他说的不是真的，如果你觉得自己很漂亮，那么就继续这样认为好了，别人认为什么是别人的事，你要尊重自己的看法，相信自己。你还可以除了外表漂亮也去追求内心美好，勇敢乐观，广交朋友，你是为自己而活，为爱你的并且你爱的人而活。不必因为别人的轻视而悲伤沮丧，就好像某人说西瓜是辣的，你完全不必在意，尽可以去美美地吃个西瓜，让甜甜的汁水流过舌头。对于不屑置辩的事情，就真的不必置辩，不要去浪费哪怕一分钟的时间。

三、朋友说我很讨厌

和同伴的关系很容易影响孩子的心情和社会适应能力，当孩子回家说起自己被人排斥，家长要给予足够的重视和及时的疏导。

"为什么朋友会这么说呢？发生了什么事？可不可以向朋友解释一下？是你做得确实不够好，还是朋友误解了你？你有没有比较公正友好地待人？你是不是足够尊重他人？如果是你有的地方没做好，你愿意做出改变吗？然后去向朋友说明你的真诚和努力好不好？"

同时，家长可以建议孩子多交几个朋友，然后从各个朋友那里征求意见。也许只是某个伙伴当天心情不好，或者因为一点小事而生气才那样说的，也许确实是家长都没意识到自己孩子身上确实有需要改进的地方。

我家孩子每天中午在小饭桌吃饭休息，几十个孩子同在一个院子里玩耍，其中有个女孩非常霸道，在阿姨面前尤其爱表现，帮忙干活，说乖巧的话，可是离开阿姨的视线就秒变"小霸王"。如果某天她中午没来小饭桌，孩子们都很高兴地玩，如果她来了，孩子们就小心翼翼地尽量离她远一点，因为不知道她什么时候就要发脾气，大吼大叫，或者干脆揪住某个人将其推倒在地，等阿姨来的时候，她又第一个跑过去边哭边告状。几个家长分别向那位小朋友的家长说了"小霸王"的"事迹"，可是"小霸王"的妈妈哈哈大笑不以为然，觉得小孩子们互相打打闹闹很正常，完全不对自家孩子的不当行为进行管教，可想而知这孩子在小伙伴中的人缘儿有多糟。

其实，如果家长能换位思考一下，并看得长远一些，就知道纵容并不是爱孩子，而是阻碍了孩子的正向社会化。等"小霸王"变成"大霸王"，终究是谁受害？社会不像校园这样简单宽容，自有道德制约和法律规范。早管教胜过晚埋单，前者事半功倍，后者事倍功半。

四、负面标签害处多

"多动症""自闭症""精神病""内向""霸道""害羞"等标签评价经常被大人以半开玩笑的方式贴在孩子身上，比如有的孩子活泼好动，家长责骂的时候可能会说："你这孩子怎么多动症似的?"对于不肯回答问话的孩子，大人可能会说："你怎么了? 你有自闭症呀?"或者大人之间当着孩子的面聊天的时候不经意间说起："我家孩子就是害羞，认生，不爱说话，而且懒着呢，早晨叫三遍都不起床，铅笔都得我削好了给装笔袋里。"

家长并没有意识到，这样的玩笑或评价对孩子的心理及行为影响有多糟。孩子从他律道德向自律道德转化，对自我的评价也在经历一个将外界评价内化的过程，换言之，孩子好动，或者不爱说话，往往都是阶段性的表现或内在人格特征的外显形式，只要孩子自己觉得自在，且没有影响到社会功能，那这无所谓优劣对错，是属于每个人自己的行为方式而已。未来随着社会化进程和活动范围的扩大，也会发生变化。可是家长匆忙的贴签行为却给了孩子一个消极的自我暗示——"我之所以这么好动，是因为我有多动症，多动症听说是病，病不是我能改变的，所以我以后上课不守纪律，下课到处胡闹，都不是我的错，而是因为我有多动症，我改不了我的毛病，我只能这样继续下去"，而被贴签"害羞""内向"的孩子，也会同样渐渐地把这个评价内化成自我评价，从"别人说我害羞"变成"我是个害羞的人，我内向，我不善言辞，不爱交往，我胆小怕事，我照顾不了我自己"，一步步摧毁孩子的自信心。

所以，假如家长觉得孩子的有些行为方式需要调整，切记不要随便贴签，而要就事论事，并给出积极的改进建议。比如，"明明今天上学表现真不错，老师说你进步很大，没打扰任何人，还帮老师发作业本了呢，妈妈很为你骄傲""乐乐今天路上遇到同学主动挥手打招呼了，爸爸都看见了，那位同学和你关系好吧？你可以邀请她周末一起去公园，好不好"。对一点一滴的小进步提出表扬，并给出进一步的积极建议，让孩子将家长的肯定内化成新的行为方式的动力。孩子会认为"如果我不捣乱，守纪律，老师和家长都会觉得我很棒""或许下次我不但能朝朋友挥手，还可以和他说声 Hello"。

不解决负面评价的问题，孩子会很容易感情受挫，被他人的意见所困扰，情绪波动，缺乏毅力，缺乏自信心。所以，爱孩子，就帮孩子学会合理看待并处理负面评价吧。

二十八

欺负与被欺负

震惊中美的中国留学生霸凌案终于在加州波莫纳最高法庭正式宣判，三名涉案者以绑架、殴打罪名分别获刑 6 年、10 年和 13 年，三人刑期结束后将被驱逐出美国。在此之前，还有新闻爆料其中一名涉事学生家长涉嫌贿赂证人而被抓，不得不让人深思是什么样的家庭教养出这些蔑视并残酷伤害他人且不以为然的孩子。

接连不断的国内同类新闻也越来越引起广泛注意，校园霸凌案件并不是个别现象，可是在国内对霸凌行为的处罚显然并没有起到多大的震慑作用。比如黄山某高中男生给女生下药事件，因为没有造成实际的身体损害而不了了之，下药男生们道歉并受到学校处分，被下药女生选择接受这一结果，然后当地警方在微博上表示"高考在即，希望涉及此事的双方和班级同学，能收拾心情，完成学业！也预祝他们在高考中，取得优异成绩"。犯错的孩子应当被教育并被给予重新生活的机会，我理解这一立场的出发点是基于善意和宽容，可是，身为旁观者的我们是不是有足够的权利替受害者说原谅？新闻视频里直接被拳打脚踢扒衣拍照的孩子，他们的未来会不会完全是不受影响的？纵容霸凌行为将给后来者怎样的启示？如果你我就是受害人的家长，那种愤怒心痛要多久才能平复？

为什么会有人以伤害别人为乐趣？为什么可以对自己熟悉的同学这么残忍无情？我们不妨回到问题的原点，尝试探索解决之道。

欺负是儿童间经常发生的一种特殊类型的攻击性行为，如果没有得到遏制和管教，则可能发展为更严重的侵害行为，就像上述两个案例中的青少年那样。

经常被欺负可能导致儿童情绪抑郁、注意力不集中、孤独、回避、退缩、成绩下降、精神恍惚、焦虑、失眠，严重的还可能导致自杀意念与自杀行为。

欺负他人的人则可能发展为暴力犯罪或心理行为失调。研究表明，女生更多地采用言语和心理欺负，男生更多采用身体欺负。但是最近我们看到新闻中霸凌事件中也有很多女生直接采取暴力形式，这或许与新闻传播的负面作用有关。过于详细地描述霸凌案件的细节，也会给一些后来者提供坏榜样作用。

心理学对欺负行为的研究有很多。

竞争假设理论认为，儿童的欺负行为是学校鼓励竞争和追求成绩导致的，是在学校受到挫折和失败后的一种反应。的确，我

们经常看到，霸凌事件的挑起者往往是学习成绩不好、在学校不被老师所喜欢的孩子，他们遭遇了学业的或家庭的或社交的挫折，转而将愤怒、沮丧、自卑情绪集合在一起，指向比自己力量弱小的无辜者，以暴力行为侵害他人，获得自我满足。

对于此类情况，家长应关注孩子在学校遭遇的挫折并及时提供心理疏导和心理支持，如果在学校得不到肯定，能在父母这里得到鼓励也是莫大的安慰，假如家长还能给一些积极的建议就更好了。如果孩子因为成绩不好、性格怯懦而受到欺负，家长要坚定地站在孩子这边，必要时候应当接送上下学，请老师多关注，告诉孩子避免单独行动，找好朋友结伴去卫生间或者上下楼。孩子没有足够的能力去抵挡伤害，家长有责任帮忙排除不安全因素，采取一切法律范围内的行动去保护孩子。

外部特异性假设性理论认为，儿童受欺负主要是因为其外部的一些已成特征，比如肥胖、戴眼镜、讲方言。比较常见的轻微的欺负方式就是起外号，"包子""猪八戒""二师兄""四眼儿""肉饼""瘸拐李"等，被取外号者也许心里不痛快，可是却不得不默认、接受，悄悄吞下苦果。这些外号的来由经常是来自外貌特征，显然取笑他人外貌是很糟糕的歧视行为，可是在我们的校园环境里几乎司空见惯。

对于此类情况，作为家长，我们要给孩子同理心教育，用换位思考的方式告诉孩子，不该对他人的外貌取笑，那是非常野蛮无理的行为，每个人都应当被尊重，即使你不喜欢某人，大可以减少交往，而不能出手伤害。如果自己的孩子是被嘲弄的一方，家长可以这样告诉孩子"每个人都应当被尊重，他们嘲笑你是他们的不对，他们错了，你不必为他们的错而承担后果，他们说你坏话，你并不会因此就变坏，了解你的人会知道你有多么好，值得交往"。同时要告诉孩子"郑重而坚定地告诉那些取笑你的人，你觉得一点也不好笑，你不愿意被他们叫这样的外号。如果你说了，他们照旧取笑，你也可以请老师干涉，在学校里，保护学生免受伤害是老师的责任之一"。然后，鼓励孩了，成为更好的自己，更好的成绩、更棒的身体、更出色的才艺，用自信的光辉横扫阴暗的嘲讽。

依恋理论认为欺负行为与儿童早期形成的不安全依恋关系有关。不安全依恋来自于和父母的关系不协调，比如在六岁之前和父母相处的时间很少，或者父母本身就经常用粗暴的语言和行为方式回应孩子的需求。怎样检验孩子与父母之间的依恋关系是安全的还是不安全的呢？心理学研究做过一些分离实验，也就是让孩子和家长同处一室玩耍，然后家长离开，一段时间之后家长返回，看孩子的表现。有的孩子立即破涕为笑，扑进家长怀抱，很快情绪获得了平复，能继续开心玩耍，这通常是安全依恋关系。而有一些孩子在家长回来很长时间之后依然很生气，愤怒、抓扯，不能集中精神去玩耍，也有的孩子对家长回来不回来反应不大，比较漠然，这两种都属不安全依恋关系。安全依恋关系中长大的孩子，比较容易信任他人并获得他人信任，能迅速建立积极的人际关系，而处于不安全依恋关系中的人恰恰相反，有些人直

到成年之后也无法学会信任，难以建立积极的人际关系，动不动就起争执，或者看谁都不顺眼，总喜欢找人毛病，看问题消极。

我们有必要反省与孩子之间的关系，这不仅仅是为了少一些被霸凌的孩子，也是为了我们的孩子不成为冷血无知的霸凌者。也许孩子过了拍拍抱抱就能安心的阶段了，那么我们可以采取充分沟通、真诚关怀、及时肯定等方式进一步提升与孩子之间关系的稳定性和安全感。

也有学者认为，欺负人的孩子完全知道自己的行为将给他人带来痛苦。欺负行为就是要从别人的痛苦中得到自我满足。

我们能从蛛丝马迹中窥得端倪吗？欺负小猫小狗？给金鱼洗泡泡浴？对枯萎的花毫不在意？不够关心自己的家人？小伙伴受伤的时候满不在乎？诅咒某个不喜欢的人赶快去死？抢到公共玩具就霸占住不许别人玩？那些看似"天真""孩子气"的行径，是不是无关紧要？如果家长真的爱孩子，就会知道该怎样防微杜渐，及时教导。

至于被欺负的孩子，要怎样保护自己呢？除了文中的一些建议之外，还可以从几个方面入手。

首先，让孩子加强体育锻炼，身体强健不但有利于健康，也会带来自信。自信会给予孩子勇气去面对和处理不公。一般情况下，霸凌者也很少愿意主动去挑战很强壮的人，他们只是欺负比自己弱小的人。

其次，让孩子多交朋友。朋友不但可以分享快乐，分担压力，也会在必要的时候提供帮助。如果身边常有几个好朋友跟随，霸凌者也会顾忌三分，他们通常采取以多胜少的方式，如果对方也是人多势众，他们的胆量自然就小多了。

再次，让孩子及时把受到的威胁或被欺负的实际情况告诉家长、老师，必要的时候可以报警或向警方备案，这对霸凌者是很直接的震慑，他们不是不计后果的，只是以为受害的孩子不敢公开。这不是什么丢脸的事，不用不好意思。欺负人的人才应该为自己的行为感到羞耻，保护自己的人应该理直气壮地保护自己，这是人的基本权利之一。

最后，假如被限制了人身自由，并受到欺负，要尽量保护自己减少损伤，有可能的情况下录音录像，并找机会寻求帮助，尽快脱离被欺负的环境，回到安全地带后立即通知家长和警方。事后收集好病例及报警记录，为进一步维护自己的权益做好准备。

从去年秋天开始，我家孩子开始上跆拳道班了，每周一节课。我的初衷是为了进一步增强孩子的体魄，因为学校的体育课一周只有三节，活动内容也比较单一。可是我发现孩子学习了跆拳道三个月之后，连说话的声音都比从前更洪亮了，甚至没事的时候穿上跆拳道服和爸爸拳打脚踢地对练功夫。我知道，我的孩子是不会欺负别人的，但如果有一天有人来欺负我的孩子，我希望她大吼一声"呔"，然后飞起一脚踹翻那个不知道天高地厚的家伙。

这样的话真不像出自我的口，可是我相信，你也会支持我的吧。

二十九

生活能力培养不可缺

我们都知道，爱孩子，并不是由父母帮忙准备好一切物质条件，然后父母出面去解决所有的障碍与挑战。每个生命都有自己的使命、自己的价值、自己存在的意义，亲自去品味酸甜苦辣，亲自去经历喜怒哀乐，才是完整的人生。

如果说校园生活占据大部分人从 6 岁到 22 岁这 16 年的时光，因而学习成果一定程度上与未来发展正相关的话，那么从 22 岁之后，恐怕剩下的六七十年更重要的是生活能力。一个人的生活能力直接与生活质量和幸福感受正相关，生活能力弱，则对外界和他人的依赖性就会更加严重，换言之，自己能掌控生活质量的能力就比较弱。

生活能力是什么？就是每一天生活中需要处理的基本问题，关系日常生活 24 小时的基本活动。比如打扫卫生、烹饪菜肴、收拾花草、照顾宠物、洗衣叠被、整理房间等，培养生活能力的同时也等于在积极地培养个人自尊自信，培养审美情趣和对生活的热爱之心。

有时候是家长自己对生活能力的重视程度不够或者认识上有误区，才导致孩子生活能力低下的。比如有人认为只要好好学习就行了，将来有好工作高收入，可以请保姆照顾生活起居，不必亲自动手做这些"小事"；也有的人认为儿子不需要学习家务，将来长大了自然会有未来媳妇来包揽家务，可是没想到神机妙算的未来丈母娘是这样告诉自己女儿的——"妈妈把你千金宝贝一样养大，可不是为了嫁到别人家去做老妈子的"。

其实，这些家长的"深谋远虑"都陷入了幻想和错觉，未来是不是有好工作和高收入谁知道？结不结婚谁知道？结了婚家务究竟怎么分担谁又知道？一个心态积极的人不会逃避自己的基本责任，也不会以自己的生活能力弱为理由去心安理得地享受他人的服务，更不要说是自己的亲人、伴侣。任何时候，能健康积极地生活，首先就是能照顾好自己，一个人生活也能积极快乐，也能优雅美好，也能有清洁的环境和美味的饭食，也能有浪漫的心情和独特的品位，那么，两个人在一起就不必太强求对方做出怎样的妥协，自己能把握的生活质量不是更可靠吗？与其寄托希望给遥不可及的未来可能性，不如早早自己学着多动手多动脑，做一个乐观坚强勇于面对的人。

去年有一天，孩子放学回来说起一件趣事，每周一最后一节课是学校的兴趣班活动，孩子们各自去报名兴趣班，我女儿报的是乒乓球班，可是偏巧那天她被别的老师找去说话，回到班里的时候只剩下自己一个人了，而乒乓球班要去校外上课，估计早就出校门了。这时班主任刚好回班里查看情况，看到落单的女儿就带去办公室了，几个老师在判作业聊天，她就坐在老师对面写作业。

老师和女儿闲聊天，问起家里的一些事情，不知怎么就说到家里的家务活谁干，我女儿慢悠悠地回答："我干！"老师一听大吃一惊，六七岁的小孩子能干什么？我女儿说："我要扫地、擦地、浇花、喂猫、倒猫砂、叠衣服，还要做饭。"老师们面面相觑，几乎难以置信，心里一定在疑惑"是亲妈吗"，嘴上当然不能直接说，只好含蓄地问："做饭？你会做什么饭呢？"这下可轮到女儿"温柔地吹嘘"了，她说："我会做米饭、饺子、面条、油条、馅饼、麻花、糊塌子，还会炒菜、做汤、煎鸡蛋什么的。"老师们惊讶地议论纷纷，不可思议这么小的孩子能做这么多事，到底是不是真的？

孩子回到家向我得意扬扬地讲述了这件事，我哭笑不得地说："你有没有跟老师说，妈妈也会做呀？妈妈有时候和你一起做呀，妈妈只是让你学了这么多，并不是真的在完全依靠你每天做家务呀！"女儿狡黠地笑笑，说："老师又没问，我为什么要说？"这小鬼害惨我了，老师们说不定会以为我是多么狠心的妈妈，脑海里一副懒惰妈妈奴役小可怜的悲惨画面。

　　实际上，我确实不算勤快，当然也不至于完全靠孩子做家务，她没那么大的力气也没那么多时间，我只是在自己做事的时候招呼她一起做，以"好玩"的心态跟孩子一起边做边玩，享受过程。我还记得她四五岁的时候就小尾巴一样追进厨房，充满好奇地看我做饭菜，每当葱花在油锅里炸出香味，打好的鸡蛋倒进沸腾的水里变成絮状的汤，她都惊讶欣喜地眺望，闻着诱人的味道，激动地嚷嚷："妈妈，我也要干，妈妈，让我来，让我来！"

　　好的，我正巴不得她主动要求呢，于是就站在一边指挥，剥葱，切成葱花，磕鸡蛋，用筷子搅拌，洗西葫芦，擦成细丝，都倒进一个盆子，加盐和胡椒粉，拌成糊糊，饼铛加热，放油，用大勺子舀了糊糊倒进去，等定了型再翻面。女儿就像在妈妈引导下玩乐高积木一样兴趣盎然地一样样尝试，一样样学习，然后把质量参差不齐的"产品"端上餐桌，兴奋地等着爸爸表扬。爸爸为了拍女儿的马屁总是无原则地大肆夸奖，夸张地大口大口吃，脸上一副吃了仙丹的幸福模样。女儿受到鼓励，以为自己是天生的大厨，越发干得起劲，并一再强烈要求丰富品种、拓展技能，于是我只好提供更多物料和菜谱，我们一起做烧仙草、烤蛋糕、烤饼干，做各种小菜和小吃。

　　孩子做事，兴趣第一，至于是不是干活干净利索，就无法强求了，打碎了碗碟，弄得到处是面粉和馅料是常有的事，而且比较严重的事故是曾经三次切到手，流了血，孩子手疼，我也是心疼得要命，可是转头她伤好了又跑来参与，并且要求我去餐桌边等着，不要听我在一边指手画脚了。

好吧，好吧，全凭小兵自己去折腾好了。

有一次我几乎在餐桌边等得快睡着了，猛然听到她在厨房里大喊"妈妈，妈妈"，我跳起来冲过去，原来是锅里热汤煮沸，溢出一些汤流到灶具上，女儿拿张卫生纸去擦，不料被灶上的火引燃，只见火苗蹿腾，她有点被吓到了。我急忙把着了火的卫生纸从灶台上拽下来，丢在地上踩灭，黑色的纸灰飞来飞去，女儿不知所措地看着我，我笑笑对她说："没关系，下次用抹布擦就好了。我还等着喝你的美味无敌汤呢！"她也不好意思地笑了，拍拍心口说："吓死宝宝了。"

自然，这些事故都没能阻挡她的热情，我除了支持鼓励还能怎样？至于做家务，有一点她没和老师说，有一部分家务是她"捞外快"的，凡是她自己的事情自己做，这是当然的责任，凡是大家的事情她帮忙做的，会得到一定的"工资"，比如扫地，每次十元。最开始她扫地是不要工资的，可是我希望她开始有意识地认识到"靠自己的劳动赚钱很骄傲"，所以主动提出一部分家务给她"工资"，基本上一个暑假帮忙做家务能赚几百元。做饭是乐趣，没工资也爱干，我就乐享其成了。

每年春夏秋冬，我们都带孩子去村里待几天，在亲戚种的菜地里当临时农民，播种、翻土、收获。自家阳台上也种了很多奇怪的东西，比如把发芽的土豆切成几块种下去等着再长土豆，白菜疙瘩种下去等着开小黄花，水培蒜瓣等着割青翠的蒜苗，花花草草也种一堆，营养液、肥料、各式工具齐备，女儿和我一起收拾"自留地"，见证自然的奇迹。她快乐地享受其中，并不觉得这些事是苦差，可是在我看来，这是寓教于乐的方式，是培养生活能力的系列实践。

曾看过一篇感动得我掉泪的文章，说一个患病的妈妈忽然一改从前宠爱女儿的态度，很严苛地要求女儿做繁重的家务，压缩零用钱，女儿从不解到愤怒，甚至憎恨妈妈的狠心。直到妈妈去世儿年后，父亲再婚，后母对女儿也不错，一次为了凑钱交学费，爸爸拿出妈妈的遗物，里面有一封妈妈的亲笔信。女儿读了才知道，原来妈妈当初那样严苛地要求自己是用心良苦的，是希望女儿能照顾好自己的生活，不要因为妈妈去世就变得手足无措。我当然也理解故事里妈妈的苦心和用心，可是我认为生活能力的培养是每个孩子成长过程中的必修课，并不是只有在可能失去庇护的时候才要学习的应对之策，能开心地学习不是比痛苦地承受要积极主动得多吗？生活能力比我们的学习能力还要重要得多，完全可以从三四岁就开始引导参与，慢慢地提高水平和拓展范围啊！

爱自己，爱生活，积极动手参与创造和改变，这是多么值得骄傲的事。

爱孩子的家长，请培养孩子的生活能力，并给出积极的示范与鼓励吧！

三十

帮孩子提升情商

　　情商和智商对于一个人的成就都会有影响，而前者往往比后者更重要。一般家长总是很重视孩子的学习成绩，可是却忽略了情商的培养，于是很多高分低能的孩子出现了，或者成绩好情商差，不受同学欢迎，缺乏耐挫力，不懂礼貌，不顾他人感受，难以融入新团队，这样的人能生活得开心吗？在未来的工作中能取得好的成就吗？

　　情商即情绪智力，是最近几年心理学家们提出的与智商相对应的概念，主要是指人在情绪、情感、意志、耐受挫折等方面的品质。心理学家认为：在人的成功的诸多主观上的因素里面，智商因素大约占20%，情商则占80%左右。应该说这二者本身不是矛盾的，而是互为基础，情商帮助人更好地发挥智商，智商也是提高情商的必要因素。如果说智商是一辆好车的话，情商就像精湛的驾驶技术，技术再好车太破也跑不出速度，好车遇到技术差的驾驶员出事故的概率也会比较高。智商高低更多地取决于先天因素，而情商高低则可以通过后天学习、训练来得到提高。

心理学家认为，情商是由五种特征构成的：自我意识、控制情绪、自我激励、认知他人情绪和处理人际关系。情商水平高的人通常有比较强的社交能力和适应能力，社交态度积极、愉快、开朗，对所从事的事情专注投入，正直且富有同情心，情感丰富且善于处理相关问题，独处或与人相处都比较怡然自得。一个人情商高低，与其童年时期所受到的教育和家庭影响密切相关。

要帮孩子提升情商，可以从其五个特征的相关角度入手。

一、帮孩子分析真实的情绪状况

也就是说，当下自己的情绪是怎样的？是愤怒还是委屈？是悲伤还是激动？是羞愧还是后悔？为什么会这样？与核心事件相关的其他人的情绪怎么样？自我意识是处理情绪的第一步，如果当事人能意识到"我现在情绪很激动，因为他冤枉了我"，那么才可能进行下一步，处理情绪，并把注意力转移到解决核心事件上来，比如"他冤枉了我"这件事。

二、提供一些健康的方式缓解不良情绪，不让孩子成为情绪的奴隶

也就是说要学会处理情绪，自我调节、引导、控制、分析、

改善情绪，不能任凭情绪的洪水冲垮理性的堤坝，审时度势，分析利弊，让不良情绪得到疏导和平复，适当地降低焦虑度，变洪水为细流，变一泻千里的洪灾为水力发电，重新集聚积极能量来扭转不利局面。运动、音乐、艺术欣赏、旅行、阅读、园艺、烹饪，甚至洗个澡，听首轻音乐都有助于情绪疏导。当孩子情绪激动的时候，家长可以陪孩子散散步、爬爬山、听听歌、看看电影，用比较轻松的方式慢慢沟通。当家长表现得临危不乱，孩子也会受到影响，觉得比较有安全感，重新恢复信心。假如家长表现得比孩子还冲动就糟糕了，动不动就雷霆万钧地发怒、歇斯底里地哭泣、喋喋不休地争吵、没完没了地诉苦，都是非常不健康的榜样。

三、帮孩子自我激励

以爱和尊重的态度支持孩子，巩固孩子的自信心与自尊心。夸赞积极的态度与行为方式，让孩子意识到自己的闪光点并有信心去努力达成目标，逐渐变外在激励为自我激励，从家长的肯定内化为自我肯定——"我的父母很信任我，看来我真的可以再试试别的办法"。在激励与自我激励的问题上，有一点需要注意的是，不要去强调努力之后一定会达成怎样的结果，因为那等于变相地提出了一个未必能实现的强烈要求，会对孩子造成新的压力和紧张感，也会加重焦虑和情绪负担。比较恰当的态度是只提倡追求的过程，而泰然地接纳各种结果，比如参加体育比赛，尽量去发挥自己的最好水平就行了，至于是不是第一名，不苛求。没有取得名次也没关系，至少奋力拼搏过，没什么好后悔的，大不了回去通过科学训练提高水平，下次再参与。不强求，反而会让孩子形成比较健康的自我激励循环机制，而不是陷入钻牛角尖式的极端化思维。为什么有的人应聘失败或高考失利就觉得人生彻底没希望了？或者在遭遇某一项挫折的时候沮丧灰心，再也爬不起来？就是因为缺乏良性的自我激励循环机制，而以极端化的眼光看待单方面的暂时挫败。

四、认知他人情绪

也就是学会察言观色，准确地捕捉到他人的情绪变化及原因。家长可以采取支持多交朋友的方式来培养孩子认知他人情绪的能力，让孩子以同理心为出发点与同伴交往，懂得换位思考，顾及他人的心理感受。比如当你炫耀你拥有的某个东西，是否会伤害到某个朋友的感情？当你取笑他人的身材，换成你是被嘲笑者又有怎样的心理感受？认知他人情绪是处理人际关系的先决条件，只有准确了解了他人情绪及情绪来源，了解他人的真实态度和价值取向，才可能采取积极行动建立良好的人际关系。

五、帮孩子学会处理人际关系，与人和谐相处，处理人际矛盾

在孩子与同伴交往的过程中，总有这样那样的问题，家长要善于捕捉信息并提出开放式问题和积极建议。让孩子在同伴交往

中锻炼交际能力、语言表达能力、团队协作能力等。一起做游戏、一起做功课、一起完成某个任务、一起表演个节目，或者分工合作搞个聚会之类的活动，怎样发挥各自的能力，让每个人都得到表现的机会？怎样处理纠纷，以什么样的标准来衡量取舍？家长不要觉得学习以外的事情无关紧要，人际关系的处理能力会跟随每个人一生，同学、同事、领导、客户、朋友、伴侣、孩子等都是人际交往的重要对象，也正是与这些对象的相处能力和相处方式在影响我们每天的心情和生活幸福质量。

有的家长无可奈何地说自家孩子是个"气包子"，动不动就爱生气。我的建议是，不要对孩子的"生气"表现形成条件反射式的回应。如果孩子每次一生气，家长立即凑过去急切地想帮忙，孩子就知道这样的"生气"表现很有效，下次一不如意就还要用这招绝活。不如当孩子生气的时候，你先让他冷静一会儿。他气愤，你冷静；他诉说，你倾听；他问你，你回应；然后帮他暂时转移注意力，情绪平稳后再理性分析问题，最后对孩子表达积极的期望与信赖支持。

有时候，幽默是一剂很好用的灵丹妙药，我常常在帮孩子处理情绪问题的时候信手拈来。比如她哭了，我也在一边装哭，然后"晕倒"在沙发上，嘴里念叨着："娃娃不开心，妈妈心碎啦！好疼啊，谁帮妈妈揉揉心口呀？"有时候她气呼呼的像个小蛤蟆，对我吼起来，声音还挺高，我就"装聋作哑"，像个机器人似的走过去，抱抱她。总之，不管用什么方法，就是先缓和下紧张的气氛，然后再从爱与尊重的原点出发，和孩子一起解决问题。慢慢地，孩子会明白，发火生气只是在惩罚自己，解决不了什么问题，不如消消气，喝杯果汁，让自己先舒服一点，然后静下心来好好想想怎么办。

爱孩子，就帮孩子提升情商，让他好好修炼内功，然后去勇闯天涯吧！

后 记

你是天空最亮的星

孩子，你是天空最亮的星，

我是地上那双温柔凝望的眼睛。

宇宙浩渺，万里苍穹，

但我总能找到你的身影，你的笑容。

你，就在我心里，照亮整个世界，

见证生命奇迹，爱之永恒。

也许，你还要经历许多挫折，

生活总是有欢乐也有泪水，

明天的路可能风雨兼程，

但请相信，

你终将如青葱的小树茁壮成长，

傲立于挺拔的山峰。

也许，你还没有找到真正的自己，

是夏日里芬芳的玫瑰，

还是田野里灿烂的蒲公英？

别急，等等看，

你终将用行动证明你自己，

是轻歌曼舞、热爱春天的百灵鸟，

还是翱翔万里，纵横天地的雄鹰？

亲爱的，孩子，

做个善良、勤奋、友爱的人，

相信自己，相信未来。

热情奔跑，拥抱理想，

昂首挺胸，不畏寒冬。

你终将如恒星闪耀，璀璨恢宏。

亲爱的，孩子，

千里之行，始于足下，

从今天开始，做最好的自己。

请你记得，

我会永远爱你、相信你、支持你，

因为，你是天空最亮的星。